작가 과지라 瓜几拉

만화가이자 일러스트레이터로 활동하고 있습니다. '시과西瓜' 우리말로 '수박'이라는 애칭으로 불리기도 합니다. 숏다리의 게으름뱅이이며 성가신 일을 싫어합니다. 겉으로는 멍해 보이지만 사실은 독설가인 미스테리한 인물입니다. 짧은 다리를 한 캐릭터로 유명한 어느 게임 회사에서 일하기도 했습니다. 생동감 넘치는 그림과 유머러스한 묘사로 유명하며, 코믹한 낙서 일기를 소재로 활발한 작품 활동을 이어가고 있습니다.
『과지라』『과지라·이탈리아 빈곤 여행』『과지라·기억의 타임머신』『야옹이 동창회 명부』『멍멍이 동창회 명부』『먹보』『고양이 이야기』 등의 대표작이 있습니다.

번역 조윤진

이화여자대학교 중어중문학과를 졸업하고 중국 중경(重慶)대학교와 〈한겨레 어린이·청소년 책 번역가그룹〉에서 공부했습니다. 현재 중어권과 영미권의 책을 기획하고 번역하는 일을 하고 있습니다.『80일간의 세계일주』『한여름 밤의 꿈』『아빠의 직업은 범인?!』『살아 있는 세계역사 이야기』『하필이면 꿈이 만화가라서』『두더지의 감자』『조지 클루니 씨, 우리 엄마랑 결혼해줘요』 등을 우리말로 옮겼습니다.

당나라에 간 고양이
畫猫·夢唐 고양이를 그리고 당나라를 꿈꾸다

초판 1쇄 2017년 1월 5일
초판 4쇄 2019년 6월 10일
글/그림 과지라(瓜几拉)
펴 낸 이 은보람
펴 낸 곳 도서출판 달과소
출판등록 2010년 6월 21일 제2010-000054호
주 소 우) 04336 서울시 용산구 두텁바위로 101-1 (후암동)
전화 02-752-1895 | 팩스 02-752-1896 | 이메일 DALBOOKS@daum.net
홈페이지 www.dalbooks.com
찍은곳 표지인쇄 보현PNP | 내지인쇄 영프린팅
ISBN 978-89-91223-68-4 [07910]

*이 책은 달과소가 저작권자와의 계약에 따라 발행한 것이므로 무단 전재와 무단 복제를 금합니다.
*책 값은 뒤표지에 적혀 있습니다.
*잘못된 책은 구입하신 곳에서 바꾸어 드립니다.

이 도서의 국립중앙도서관 출판예정도서목록(CIP)은 서지정보유통지원시스템 홈페이지(http://seoji.nl.go.kr)와 국가자료공동목록시스템(http://www.nl.go.kr/kolisnet)에서 이용하실 수 있습니다. (CIP제어번호: CIP2016030554)

당나라에 간 고양이

画猫·梦唐 by 瓜几拉

Copyright © 2015 Guangzhou Tianwen Kadokawa Animation & Comics Co., Ltd. All rights reserved.
The Korean Language translation © 2017 DALGWASO Publishing
The Korean translation rights arranged with Guangzhou Tianwen Kadokawa Animation & Comics Co., Ltd.
through EntersKorea Co., Ltd, Seoul, Korea.

이 책의 한국어판 저작권은 ㈜엔터스코리아를 통한
중국의 Guangzhou TianwenKadokawa Animation & Comics Co., Ltd.와의 계약으로 도서출판 달과소가 소유합니다.
신 저작권 법에 의하여 한국 내에서 보호를 받는 저작물이므로 무단전재와 무단복제를 금합니다.

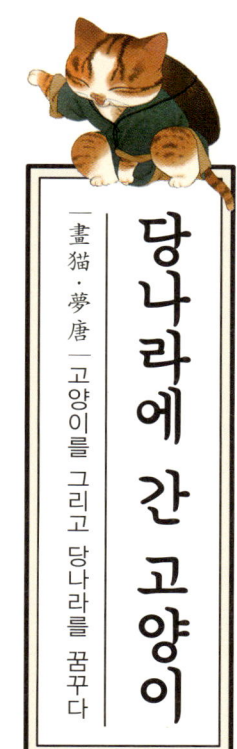

당나라에 간 고양이

―畫猫・夢唐―고양이를 그리고 당나라를 꿈꾸다

과지라 지음 。 조운진 옮김

달과소

목차

- 당나라의 여가오락 · 005
- 당나라의 흑야괴담 · 031
- 당나라의 동물기연 · 057
- 당나라의 절세미인 · 083
- 당나라의 절기풍습 · 109
- 후기 고양이를 그리다 · 137

당나라의 여가 오락

盛世唐風

글。천애단홍 天涯斷鴻

중국의 현대시인 문일다聞—多 선생은 《당시잡론唐詩雜論》에서 이렇게 말했다. "사람들은 보통 '당시唐詩'라고 부르지만 나는 이보다 '시당詩唐, 시의 당나라'라고 말하고 싶다." 맞는 말이다. 시인이라는 신분은 황제와 황비, 사대부부터 평민, 승려, 도사 그리고 일반 여성에 이르기까지 남녀노소 가리지 않고 사회 각계각층에 널리 분포되어 있었다. 다시 말해 당나라는 온 국민이 시의 정취에 흠뻑 빠진 시대라 해도 과언이 아니다.

하지만 당나라의 시인들은 그저 나약한 학자에만 머물지 않았다. 시선詩仙으로 불리는 이백李白은 "백 개의 칼날에 몸을 던져 붉은 먼지 이는 거리에서 사람을 베다"라고 읊었으며, 시불時佛 왕유王維는 "어찌 한평생 책만 읽으며 늙어갈 수 있겠나!"라고 개탄했다. 이 두 사람의 시에는 당나라 문인들의 보편적인 생각이 투영되어 있다. 그들은 문인이었지만 단지 책만 들여다보며 그럴듯한 구절만 베끼는 진부한 선비가 되길 거부했다.

이는 스스로를 노자老子의 후손이라 칭했던 당나라의 통치자들이 도교를 숭상했던 것과 관련이 깊다. 도교사상에 많은 영향을 받은 문인들은 사는 것이 낙樂이며 선인仙人이 되는 것을 극락極樂이라 여겼기에 속세를 초탈해 자유롭고 안락한 삶을 살며 인간 세상의 즐거움을 마음껏 누렸다. 그래서 문인들은 "글에는 도를 담아야 하며, 시에는 풍격을 담아야 한다"고 외치며 연회와 소풍, 춤과 음악 등 각종 오락 활동에 열중했다.

남송南宋의 계유공計有功이 중국 당나라의 시인들에 관한 일화와 평론 등을 엮은 《당시기사唐詩紀事》를 보면, 교외로 나가는 소풍은 당나라 때 상류사회에서 유행했다는 기록이 있다. 황제는 매년 신하와 한림학사들을 거느리고 봄에는 배나무가 있는 이원梨園을, 여름에는 포도원을 구경했으며 가을에는 자은사慈恩寺의 탑에 오르고 겨울에는 신풍新豊이나 신풍현 남쪽에 있는 여산驪山으로 향했다.

또한 당 현종玄宗은 시월이 되면 늘 양귀비 자매들과 함께 여산에 있는 온천 별궁 화청궁華淸宮으로 향했는데 그 모습은 이렇게 묘사되었다. "양씨 다섯 일가가 각기 다른 색의 옷을 입어 서로를 구분했는데, 모두 한데 모이면 그 색채가 마치 아침노을이 비낀 구름처럼 아름다웠다."

- 시선(詩仙)·시성(詩聖)·시불(詩佛): 중국문학사를 대표하는 당대(唐代) 거장 시인들의 별칭이다. 이백(李白)은 세속과 인간을 초월하여 호방하고 낭만적 기질이 돋보이는 시를 남겨 시선(詩仙)이라 불렸다. 한편 두보(杜甫)는 인간과 자연을 깊이 응시하며 새로운 감동을 찾아내고, 우국애민의 충절을 노래하여 시성(詩聖)이라 불렸으며, 왕유(王維)는 자연을 소재로 한 서정시에 뛰어나 '시불(詩佛)'이라는 칭호를 얻었다.
- 풍격(風格): 물질적, 정신적 창조물에서 보이는 고상하고 아름다운 면모나 모습.
- 당시기사(唐詩紀事): 남송(南宋)의 계유공(計有功)이 당나라 300년간의 글을 선별하여 시인 1,151명에 관한 일화와 평론 등을 수록한 책이다.

- 호국(胡國): 중화중심 사상을 가지고 있던 중국은 주변의 변방 국가, 민족들을 동이서융남만북적(東夷西戎南蠻北狄)이라고 낮추어 말했다. 주변의 민족들을 야만시했고, 북방과 서역의 민족들을 모두 호인(胡人)이라고 불렀다. 서역인은 오늘날 중앙아시아, 페르시아, 인도, 아랍 계통의 사람을 넓게 지칭한다.
- 능개재만록(能改齋謾錄): 송나라 오증이 집필, 당송 시기의 문학사를 엿볼 수 있다. 우리나라에도 영향을 주어 조선 후기에 편찬한 가곡집《가곡원류》에 이 책의 일부가 인용돼 있다.
- 개원(開元): 당 현종(玄宗)의 연호, 713-741년을 가리킨다. 연호는 해(年)를 세는 단위로 예를 들어 개원 1년하면 당 현종이 개원이라는 연호를 쓰던 첫해, 즉 713년을 뜻한다.
- 천보(天寶): 당 현종(玄宗)의 연호, 742년-756년. 741년에 연호를 개원에서 천보로 바꿨다.
- 좌부기(坐部伎): 당 현종은 궁중에서 연주되는 무악 14곡을 입부기(立部伎), 좌부기(座部伎) 2종으로 구별했다. 입부기는 무용수 백 수십 명으로 이루어졌으며 연주자는 당외(堂外)에서 연주하였고, 좌부기는 무용수 10여 명 이내로 구성되었고 연주자는 당상에 앉아서 연주하였다.
- 신당서·예악지(新唐書·禮樂志): 신당서는 당나라의 역사를 다룬 책으로 1060년 송(宋)에서 편찬했다. 본기(本紀), 지(志), 표(表), 열전(列傳)으로 구성되어 있으며 모두 225권에 달한다. 그중 지(志)에 대한 부분은 예악지 12권, 의위지 1권, 거복지 1권, 역지 6권 등을 합쳐서 모두 50권이다.

후세에 전해진 명화〈괵국부인유춘도虢國夫人游春圖〉를 보면 양귀비의 셋째 언니인 괵국부인 일가가 봄나들이 하는 모습이 잘 나타나 있다. 그림 속의 인물들은 간소하지만 아름다운 의상을 입은 풍만한 자태이며 그들이 탄 말의 걸음걸이는 느릿하고 나른해 보인다. 조화롭고 당당하며 낙관적이었던 당나라 전성기의 기풍이 잘 드러난 그림이다.

"호국胡國의 음악과 상인 그리고 호국의 장식은 오십 년 동안 널리 퍼져 있었다." 당나라 때는 각 지역 간의 경제와 문화교류가 점차 늘어남에 따라 외지의 의상이나 풍속, 복식, 음악, 미술 등이 실크로드 상인들과 함께 황하 중하류에 위치한 중원中原 지역으로 유입되었다. 장안성長安城에서는 한때 호국의 춤, 모자, 술 그리고 음악까지 크게 유행했는데, 남송의 작가 오증吳曾은 당송 시기의 문학을 다룬《능개재만록能改齋謾錄》에서 이렇게 말했다. "개원開元과 천보天寶 연간에 임금과 신하들은 퇴폐적인 음악을 선호했고, 특히 현종은 이민족夷民族의 음악을 즐겨 이것이 나라의 풍조가 되었다."

현종은 좌부기坐部伎 자제 삼백 명을 뽑아 이원에서 교육시켰을 뿐만 아니라 주로 노래와 춤을 연습하는 교방敎坊까지 만들었다. 악기 연주도 즐겼던 현종은 우리나라의 장구와 비슷한 악기 '갈고羯鼓'를 '팔음八音 중 최고'라 칭하며 각별히 좋아했는데 악사 이구년李龜年과의 대화 중에서 자신이 망가뜨린 북채가 네 궤짝이나 된다고 말하는 부분은 그가 얼마나 음악에 심취했는지를 보여준다.

당시 가장 유행했던 춤은 서역에서 들어온 호선무胡旋舞였다. 호선무는 자그마한 원 안에서 바람개비처럼 날쌔게 도는 말 그대로 회전을 많이 하는 춤이다.《신당서·예악지新唐書·禮樂志》에는 '공 위에 올라간 무녀가 공을 종횡으로 굴리며 추는 춤'이라는 기록이 있다. 백거이白居易는 자신의 시〈호선녀胡旋女〉에서 "왼쪽으로 돌고 오른쪽으로 돌아도 지칠 줄 모르며", "달리는 마차바퀴도 회오리바람도 이를 따라잡지 못하리"라는 말로 춤추는 모습을 묘사했다. 당나라에 반란을 일으켰던 안녹산安祿山도 호선무에 능했으며 그가 삼백오십 근이 넘는 육중한 체구에도 불구하고 춤을 출 때는 매우 민첩했다는 이야기도 전해진다.

이밖에 검무劍舞도 한동안 유행했는데 현종 대에 가장 유명했던 예인은 바로 공손대랑公孫大娘이다. 검무에 뛰어났던 그녀는 춤을 출 때 칼을 공중으로 던진 후 떨어지는 순간 멋지게 받아내어 칼집 속에 자연스레

盛世唐風 ─글。천애단홍 天涯斷鴻─

안착시키는 것으로 유명했다. 당나라 말기의 시인 사공도司空圖는 〈검기劍器〉에서 당시의 여성들이 공손대랑처럼 단장하기를 매우 즐겼다고 기록했으며 서예가 장욱張旭과 회소懷素는 그녀의 칼춤을 본 뒤 흘림체 실력이 비약적으로 발전했다고 한다. 시성詩聖 두보杜甫는 대력大曆 2년 767년 공손대랑의 제자인 이십이랑李十二娘이 추는 칼춤을 보고 옛 추억이 떠올라 감격스러운 마음에 〈관공손대랑제자무검기행觀公孫大娘弟子舞劍器行〉을 지었다.

한족의 호국화胡國化, 민족대융합의 시대를 살았던 당나라 여성들은 고대 중국에서도 꽤 운이 좋은 편이었다. 다른 시대의 여성들과 비교하면 사회적 지위가 그리 낮지 않았고 봉건제도의 속박도 훨씬 덜한 편이었기 때문에 비교적 자유로웠다. 바깥출입이 잦았던 당나라의 여성들은 교외로 나들이를 가거나 시장, 상점 등에 수시로 드나들었고 인형극을 보거나 공놀이를 하는 등의 여가생활도 누렸다.

당나라 남자들은 격구를 좋아했는데, 여자들은 말 대신 좀 더 안전한 당나귀를 타거나 혹은 걸으면서 격구를 했다. 또한 "한식寒食날 어전 양쪽 누각에서 궁인들이 공놀이를 했다"는 시구처럼 당나라의 많은 시에서 여성들이 공을 차는 모습을 찾아볼 수 있다. 그중에서도 금릉金陵 난징의 옛 이름 지역에서 유명했던 기생 왕미산王眉山은 가죽 주머니로 공을 만들어 발로 차고 놀던 '축국蹴鞠'의 고수였다고 전해진다. 경기장에 등장한 그녀가 뛰어난 기술을 보여주자 물 샐 틈 없이 수많은 인파가 모여들어 그 모습을 구경하며 감탄했다고 한다.

당나라 여성들은 봄이나 한식날 그리고 청명절 전후로 그네를 탔다.

"소녀들이 양쪽 가로대에 줄을 연결해 그네를 타는구나. 가뿐한 몸에 얇은 복장 갖추고 하늘 위로 오르니 쭉 뻗은 양팔 마치 날개인 듯. 내려와 옷매무새 정리하며 비낀 바람 걱정하는데, 남의 도움 받아 높이 오르는 것은 소용없으니 반드시 스스로 오르고자 하였네. 그 높이가 나무만큼이나 높아 머리장식이 떨어질 정도구나."

이 시의 내용을 보면 소녀들이 그네를 무척이나 즐겨 탔으며 누가 더 높게 올라가는지 장식품을 두고 내기를 했다는 사실도 알 수 있다.

격렬한 운동을 좋아하지 않는 여성들은 바둑을 선호했다.

"붉은 촛대 앞 고운 여인들이 바둑돌을 조화롭게 배치하는구나. 상대가 방심하는 틈 놓치지 않고 바둑돌을 집어삼켜, 누구의 것이 더 많은지 세어보네."

이렇듯 여인들이 바둑을 두는 모습은 시의 소재로 등장할 뿐만 아니라 유물로도 출토되었다. 바둑을 두고 있는 궁녀를 그린 그림 〈혁기사녀도 弈棋仕女圖〉에는 귀족 여인이 바둑에 매우 열중한 모습이 묘사되어 있다. 이 모두가 당나라 여성들이 얼마나 바둑을 즐겼는지를 짐작하게 해준다.

오늘날의 도시를 꽉 메운 것은 고층 빌딩과 종종 걸음으로 바삐 지나가는 사람들이다. 버스를 타면서도, 밥을 먹으면서도, 심지어 누워서도 사람들은 늘 핸드폰만 보고 산다. 만약 핸드폰이 없다면, 혹은 인터넷을 사용할 수 없다면, 과연 우리는 어디서 즐거움을 찾을 수 있을까.

아득히 머나먼 당나라 사람들에게 즐거움이란 참으로 간단한 것이었다. 투호가 꽂히는 청량한 소리, 아름답게 울려 퍼지는 비파 소리, 경기장을 가득 메운 환호성, 연극을 보며 터져 나오는 박수소리…….

즐길 줄 아는 당나라 사람들은 전혀 외롭지 않았다.

장안의 물가엔 아름다운 여인이 많구나

당나라는 중국 역사상 매우 번성한 왕조였으며 귀족들의 여가 생활은 훨씬 풍성하고 다채로웠다. 귀족들은 호사스러운 궁정 생활 외에도 나들이를 즐겼고 가까운 교외로 나가 색다른 경치를 감상하곤 했다. 〈괵국부인유춘도 虢國夫人游春圖〉는 전형적인 당나라 귀족의 출행도 出行圖이다.

- 괵국부인유춘도(虢國夫人游春圖) : 장훤(張萱)이 그렸으며, 양귀비의 셋째 언니인 괵국부인이 봄나들이 가는 화려한 행렬을 묘사했다.
- 출행도(出行圖) : 중국 풍속화의 화제(畵題). 군왕이나 귀족들이 향연, 수렵, 순행, 참배 등을 위해 수레·가마를 타고 행차하는 장엄하고 화려한 행렬의 모습을 그렸다.

호인胡人들이 보내온 호선무 무희

　당나라 사람들은 궁궐이 아닌 거리에서도 춤추는 공연을 자주 볼 수 있었다. 호선무胡旋舞, 승무繩舞, 채주무彩綢舞, 유성무流星舞 등 춤을 추는 사람과 그것을 구경하려는 인파가 곳곳에 넘쳐났다. 그중에서도 사람들에게 가장 환영을 받았던 건 호희胡姬가 추는 호선무였다. 내륙으로 전해진 호선무는 한때 엄청난 인기를 끌었고 특히 궁궐에서 유행했으며 남녀 사이의 사교춤으로 사랑받았다. 호선무의 무용수는 대부분 여자였고 독무 또는 서너 명이 함께 추기도 했는데 나중에는 남성도 호선무를 추었다. 기록에 따르면 양옥환楊玉環과 안녹산安祿山은 호선무에 매우 능했다고 전해진다.

- 양옥환(楊玉環) : 719-756년. 양귀비라는 이름으로 널리 알려진 중국의 대표 미인. 미모가 뛰어나고 노래와 춤에 능해서 17세에 당 현종의 아들 수왕 이모의 비가 되었다. 23세 되던 해 시아버지 현종의 눈에 들어 총애를 받게 되면서 남편이었던 수왕과 헤어지고, 27세에 현종의 귀비로 책봉받으며 '양귀비'가 된다. 비록 비의 신분이었지만 당시 황후 자리가 공석이었기 때문에 현종의 후광으로 막강한 권력을 휘둘렀고, 자신의 친족들을 궁궐 요직에 앉히며 각종 전횡을 일삼았다. 안녹산의 난이 일어나 궁지에 몰리자 자결을 택하며 생을 마감한다.
- 안녹산(安祿山) : 703(?)-757년. 현종의 신임을 받던 당나라의 장수. 현종과 양귀비 모두에게 총애를 받았지만, 양귀비의 친족 양국충(楊國忠)과 대립하게 되면서 755년 '안녹산의 난(안사의 난)'을 일으킨다. 대연 황제(大燕皇帝)를 자처하며 왕좌를 꿈꿨으나 피살되고 만다.

연회에서 기교를 뽐내는 이원梨園의 선녀들

원래 '이원'은 당나라의 도성이었던 장안의 어느 지명이었다. 하지만 훗날 당 현종 이융기 李隆基 의 적극적인 제창과 보급을 통해 단순한 과수원에서 점차 당나라의 가무와 연극을 훈련하는 기관으로 바뀌었다. 이는 음악과 무용, 연극을 한데 모은 중국 역사상 최초의 종합 '예술 학교'였다.

악공들의 훈련을 주로 도맡았던 이원은 의식에서 사용되는 음악을 전문적으로 책임지던 태상사太常寺, 그리고 가무와 연극의 각종 배역들을 책임지던 내외교방內外敎坊과 더불어 삼대 기관 중의 하나였다. 후세에 이르러 점차 전통극 분야를 이원계梨園界 혹은 이원항梨園行이라 불렀고 전통극에 출연하는 배우를 이원제자梨園弟子라 칭했다.

• 전통극 : 중국의 '전통극'은 경극(京劇)과 평극(評劇)·월극(越劇) 등의 지방극을 모두 아우르는 말이다.

빠른 속도로 공을 쫓는 말 탄 여인들

춤과 음악처럼 우아한 오락 외에도 당나라의 제왕과 귀족 계층 사이에는 체력 단련의 일종으로 말을 타고 하는 격구가 유행했다. 격구란 말에 올라탄 채 막대기를 이용해 공을 치는 것을 말한다. 당나라 장회태자章懷太子 이현李賢의 묘에서는 당시의 격구 장면을 구체적으로 묘사한 벽화가 발견되었다.

현재 고궁박물원에서 소장 중인 〈편교회맹도便橋會盟圖〉는 요나라의 화가 진급지陳及之가 그린 것으로, 당과 돌궐突厥 양국이 격구 시합을 하는 장면이 묘사되어 있다. 당 태종 이세민과 돌궐의 가한이 무덕 9년 626년 장안을 가로지르는 위수渭水의 다리편교 便橋에서 연맹을 맺은 이야기를 배경으로 한 이 그림은 기사들이 막대기를 쥔 채 공을 가격하는 장면이 특히나 웅장하다.

- 가한(可汗): 칸(Khan), 투르크 몽골계 민족들이 군주를 가한이라 칭했다.
- 무덕(武德): 618년~626년, 당 고조(高祖) 이연(李淵)의 연호.
- 위수(渭水): 중국에서 양쯔 강 다음으로 긴 강인 황허(黃河) 강에서 시작되어 당나라의 수도 장안을 가로지르는 강의 대지류를 말한다.

하늘을 나는 새보다 높이 올라간 축국蹴鞠

말타기에 능하지 않은 사람들은 축국을 할 수 있었다. 축국은 현재 우리가 알고 있는 축구의 기원이기도 하다. 13세기 후반 남송의 역사가 마단림이 쓴 《문헌통고 文獻通考·악고이십 樂考二十》에는 이런 말이 나온다. "축국의 시작은 당나라로, 대나무를 깎은 두 개의 막대에 그물을 달아 높이 세워 문을 만들고 공을 차서 그 문을 넘기는 것이다. 공을 차는 사람들은 양쪽으로 나뉘어 승부를 가린다." 골문을 설치하는 축국 시합은 일반적으로 문이 하나였고 대부분은 궁궐의 연회에서 열렸다. 여성들도 축국을 했는데 전해지는 바에 따르면 당시 궁중 '여성 축구팀'의 전반적인 수준은 매우 높았으며 '황실 여자축구팀'으로 알려졌다고 한다.

- 문헌통고(文獻通考)·악고이십(樂考二十): 송나라 말, 원나라 초기의 학자 마단림이 편찬한 348권의 책이다. 중국 고대로부터 남송(南宋) 영종(寧宗) 시대까지의 제도·문물에 관하여 기록한 책이다.

세상을 놀라게 한 검무

검무란 칼을 쥐고 추는 춤이라 하여 붙여진 이름이다. 검무로 가장 유명했던 사람은 바로 공손대랑 公孫大娘이다. 당나라 개원 연간 가장 유명했던 무희 공손대랑은 춤추는 자태가 어찌나 아름다웠던지 온 세상을 놀라게 할 정도였다. 그녀가 사람들 사이에서 춤을 추면 구경꾼이 산처럼 모여들었고 궁궐에서 공연을 하면 그 춤에 견줄 자가 아무도 없었다.

초성 草聖 장욱의 절묘한 글씨와 시성 詩聖 두보 杜甫의 시 〈관공손대랑제자무검기행 觀公孫大娘弟子舞劍器行〉 모두 공손대랑의 검무에서 영향을 받았다고 전해진다. 또한 공손대랑의 검무를 보고 영감을 얻은 화성 畵聖 오도자 吳道子는 붓의 도를 터득하여 탁월한 업적을 남겼다.

- 초성(草聖)·화성(畵聖) : 예술 장르 뒤에 성을 붙이면 그 방면으로 일가를 이루어 이름난 사람을 뜻한다. 초성(草聖)하면 초서(草書)를 잘 쓰기로 이름난 사람, 화성(畵聖)하면 그림 실력이 뛰어난 화가를 말한다.
- 오도자(吳道子) : 당나라의 화가로 후세에 이르러 중국 산수화의 창시자이자 화성(畵聖)으로 받들어졌다.

나무를 깎고 실을 잡아당기는 노인

놀라 날아오르는 기러기처럼 경쾌하며 꿈틀거리는 용처럼 힘찬 검무 외에도 잡기를 부리는 사람들의 인형극 역시 당나라 사람들 사이에서 무척이나 떠들썩한 여흥거리였다. 이는 꼭두각시 인형극 혹은 손으로 조종하는 괴뢰극傀儡劇으로 불렸다.

성당盛唐 시기의 벽화 〈**농추**弄雛〉에는 한 부인이 팔을 들어 올린 채 손바닥을 이용해 아이들에게 인형극을 보여주는 장면이 등장한다. 손바닥에 등장한 기예와 벽화에 묘사된 장면 모두 지금의 인형극과 비슷하다.

- 성당(盛唐) : 당나라를 시가(詩歌)의 발전에 따라 초당(初唐 618-712년), 성당(盛唐 713-765년), 중당(中唐 766-835년), 만당(晚唐 836-907년) 4단계로 나눈다. 성당은 중국 시가 최고로 발전한 시기로 시인 왕유, 맹호연, 잠참, 이백, 두보 등이 활약했다.
- 농추(弄雛) : 두 어버이를 즐겁게 해드리기 위하여 어린애처럼 색동저고리를 입고서 새 새끼를 가지고 장난을 하며 놀았던 데서 온 말.

바둑에서 이겨 막 떠나려는 참에

당나라 때 가장 우아하고 품위 있게 시간을 보내는 방법은 바로 바둑이었다. 제왕들의 바둑 사랑과 더불어 기타 여러 가지 이유로 바둑은 장족의 발전을 이룩했고 널리 퍼져나갔다. 이 시기의 바둑은 훌륭한 인격을 닦고 기르며, 몸과 마음을 즐겁게 하고, 지혜를 향상시키는 데 그 가치를 두었다. 바둑과 악기 연주, 시문과 그림은 당시 사람들의 고상한 품격을 가늠하는 척도였으며 남녀노소 모두에게 적합한 오락이기도 했다. 비단 위에 그려진 〈혁기사녀도奕棋士女圖〉에서는 당시의 귀부인이 대국하는 모습을 엿볼 수 있다.

얻은 것은 오히려 시큰거리는 손목

투호는 일종의 오락이자 동시에 예절 의식이기도 했다. 황실의 정원에서는 후궁이나 궁녀 혹은 황제를 막론하고 지루한 시간을 보내야 할 때면 어김없이 궁중 오락으로 무료함을 달랬다. 투호가 바로 그중 하나였다.

당나라 시인 조당曹唐의 시에는 이런 구절이 있다. "선녀의 마음이 몹시도 심란하였는데, 투호 놀이를 넋 놓고 보더니 한사코 돌아가려하지 않았다." 투호놀이를 보느라 발걸음이 떨어지지 않았다니, 이 놀이에 얼마나 심취했는지 짐작이 가는 부분이다. 또한 시인 왕건王建은 〈궁사宮詞〉에 이렇게 적었다. "한가로이 편을 나누어 앵두 내기를 하니, 얻은 것은 투호를 하느라 시큰거리는 손목이네." 궁녀들이 편을 나누어 앵두 내기 놀이를 했는데 얼마나 열중했던지 손목이 아픈 상황을 묘사한 것이다.

- 궁사(宮詞) : 궁중의 사물을 풍경으로 읊은 시를 말한다. 시를 짓는 격식 중에 하나이며 주로 임금의 궁중 생활이나 후궁과 비빈들의 근심스러운 정황을 소재로 한다. 형식은 대개 7언절구이며, 당시(唐詩) 가운데 이런 류의 작품은 대단히 많지만 작자가 일정하지 않다. 대개의 궁사는 화려하고 과장된 묘사에 치중돼 있어 예술성 있는 작품은 드문 편이다. 당나라 시인 왕건(王建)에게는 궁사 1백 수가 있었는데, 궁녀들의 우수에 찬 심경이 잘 담겨 있다.

아름다운 여인들이 어찌나 열심히
그네를 탔던지 그네가 망가질 정도였네

그네뛰기는 궁궐과 규중의 여자들이 하는 놀이였다. 당나라 때 궁궐에서는 그네뛰기를 '반선희 半仙戱'라고도 불렀다. 오대五代의 왕인유 王仁裕가 쓴 《개원천보유사 開元天寶遺事》에는 이런 구절이 있다. "천보 연간 한식날 궁궐에서 그네뛰기를 겨루었는데, 후궁들이 마치 연회처럼 유쾌하게 즐겼다. 황제가 이를 반선희라 칭하자 백성들도 모두 그렇게 불렀다."

- 오대(五代) : 오대십국시대(五代十國時代, 907-960년), 중국의 역사에서 당나라가 멸망한 907년부터, 송나라가 건립된 960년까지를 말한다. 황허 강 유역 중원을 중심으로 후량(後梁), 후당(後唐), 후진(後晉), 후한(後漢), 후주(後周)의 다섯 왕조와 화중·화남과 화북의 일부를 지배했던 여러 지방정권 전촉(前蜀), 오(吳), 남한(南漢), 형남(荊南), 오월(吳越), 초(楚), 민(閩), 남당(南唐), 후촉(後蜀), 북한(北漢)의 열 나라가 흥망을 거듭한 정치적 격변기이다.
- 왕인유(王仁裕) : 880-956년. 오대(五代)의 한림학사 등을 역임했으며 《서강집》, 《개원천보유사》를 집필했다.
- 개원천보유사(開元天寶遺事) : 민간에 전해져 오던 옛이야기 159조(條)를 모아 만든 책으로, 사실을 전한다기보다 당 현종 시대의 일화나 풍문, 설화가 수록돼 있다.

당나라의 흑야괴담

人間夜話 ─ 글。천애단홍 天涯斷鴻 ─

"장안의 달빛 아래……"

이 말을 들으면 뜨거운 피가 용솟음친다. 전설과 영광으로 가득한 고성古城 장안은 기원전 11세기 주나라의 수도였다. 그 후로 중국 역사상 가장 강대했던 당나라를 포함해 수많은 왕조들이 장안에서 나라를 다스렸다. 천 년에 이르는 유구한 역사는 이 도시에 당당하고 개방적이며 호탕하고 포용력 있는 민족정신을 부여했고 지금까지도 우리는 '장안長安'하면 넘치도록 호방한 기운을 떠올린다.

달빛 아래 그림자와 함께 춤을 추는 이태백李太白, 아내와 자식을 그리워한 두보杜甫, 홀로 가야금을 타는 왕유王維, 〈만리귀심대명월萬里歸心對明月〉을 쓴 노륜盧綸, 〈원앙보鴛鴦譜〉로 세상의 남녀를 붉은 실로 이어준 노인…….

그중에는 추석날 밤 도사의 힘을 빌려 광한궁廣寒宮에 잠입해 천상궁전의 눈부신 풍경과 아름다운 선녀를 보고 반한 임금 당명황唐明皇도 있다.

장안의 달빛 아래 꿈꾸는 당나라로 돌아가 보자.

중화민족의 기나긴 역사 속에서 장안처럼 찬란한 기억으로 각인된 도시는 어디에도 없을뿐더러 우리에게 그 어떤 왕조도 당나라만큼 무한한 상상의 여지를 남기진 못했다. 당나라는 바야흐로 중국 봉건사회에서 가장 융성했던 시기이자 고전문학이 대대적으로 발전한 시기였다. 이토록 로맨틱한 숨결이 넘치는 시대에서 당나라의 문인들은 그 누구도 뛰어 넘을 수 없는 역사상 최고의 시가詩歌, 바로 '당시唐詩'를 후손에게 물려주었다. 그 뿐만 아니라 중국 육조시대3-6세기에 유행했던 기이한 일들을 소재로 한 소설의 특성을 일컫는 '육조지괴六朝志怪', 그것을 탈피한 진정한 문언소설을 이루어냈다. 여기서 문언소설은 구어체로 쓰지 않고 문언문文言文으로 쓴 소설을 통칭하는 말로 위진남북조 시대의 지괴소설과 당대의 전기소설 등 고문으로 씌여진 소설을 아우른다.

- 광한궁(廣寒宮) : 달 속에 존재한다는 항아가 사는 궁전.
- 당명황(唐明皇) : 당 현종.
- 전기(傳奇) : '기이한 것을 전한다'는 뜻으로 본래 당대(唐代)의 작품명에서 나온 것이다. 그 후 당대 소설을 가리키는 말로 쓰이게 된 전기소설은 사실소설(寫實小說)에 대립되는 용어로 주로 초현실적이고, 비현실적인 세계의 이야기를 다룬다.

"무릇 전기라는 것은 기이하고 환상적인 일이 아니거나 기묘하고 아름다운 언사가 아니라면 전하지 않는다." 당나라 사람들은 소설에 있어서 예술적 아름다움의 추구와 상상에 기반을 둔 허구적인 내용 그리고 화려한 수식을 중요하게 생각했으며 그들이 창작해낸 결과물들은 오늘날 우리에게 소중한 보물이자 자산으로 남아 있다.

만약 이를 단지 신기한 이야기를 적은 소설이나 심심풀이로만 여긴다면 당나라의 전기傳奇를 그저 '무서운 이야기'로만 치부하는 것이다. 이러한 소설의 배경에는 광범위한 문화가 축적되어 있고 그 기원은 바로 현실 세계의 시간과 공간, 즉 '인간'이다.

옛날 사람들은 귀신과 요괴 이야기를 신봉했는데 당나라 때는 특히 여우에 관한 이야기가 많았다.

《태평광기太平廣記》에는 〈여우신〉에 대한 이야기가 나온다. "당나라 초기, 백성들은 여우신에게 음식을 바치고 제사를 지내며 복을 기원했다. 당시 속담에는 '여우신이 없으면 마을도 없다'라는 말이 있었다." 예전 기록에 따르면 여우는 사람의 모습으로 변신할 뿐만 아니라 몹쓸 병을 부르는 존재였다. 하지만 당나라 사람들은 여우를 무섭고 나쁜 요물이 아닌 은혜를 보답할 줄 아는 아름다운 여인으로 생각했다.

중국 중당 시기의 전기작가 심기제沈旣濟의 《임씨전任氏傳》을 보면, 거기에 등장하는 여우는 사람을 미혹시켜 해치는 장손무기長孫無忌의 요괴와는 달리 총명하고 아름다우며 충절을 지키는 매력적인 여인으로 그려졌고, 이를 통해 여인의 고아한 품성을 칭송했다.

교과서에 수록된 《류의전柳毅傳》은 신화적 색채가 강하지만 여전히 인간의 현실사회를 반영하고 있다. 봉건시대의 가장인 남자들이 가족을 통제하기 위해 가졌던 부권夫權은 마치 목을 옭아맨 쇠사슬처럼 많은 여성들을 비참한 운명 속으로 빠뜨렸다. 만약 21세기인 오늘날에도 가정폭력이 계속된다면 이와 같은 이야기는 시대를 뛰어 넘어 영원히 존재할 것이다.

- 태평광기(太平廣記) : 송(宋)나라 태종(太宗)의 명으로 977년에 엮은 설화집. 총 500권에 이르며 종교관계의 이야기와 정사에 실리지 않은 기록 및 소설류를 모았다.
- 장손무기(長孫無忌) : 당나라의 재상. 일종의 괴담 소설집 《광이기廣異記》에 등장하는 장손무기와 관련된 여우 일화를 말한다.
- 류의전(柳毅傳) : 당나라 때의 대표적 전기소설. 작자는 이조위(李朝威).

人間夜話 ─ 글. 천애단홍 天涯斷鴻

　　명나라 후기의 극작가 탕현조湯顯祖의 《모란정牡丹亭》에는 이런 말이 나온다. "정이란 어디서 생겨난 것인지 알 수 없지만 갈수록 깊어지니, 산 자도 죽을 수 있고 죽은 자도 살 수 있다. 살아서 죽지 못하고 죽어서 다시 살지 못하면, 이 모두가 지극한 사랑이 아니다." 모란정의 여주인공 두여랑杜麗娘처럼 정이 많은 여인은 또 있었으니 그녀는 바로 진현우陳玄佑의 소설 이혼기離魂記에 등장하는 천랑倩娘이다.

　　비록 그 줄거리는 〈유명록·방아幽冥錄 龐阿〉와 〈영괴록·정생靈怪錄 鄭生〉을 참고했지만 주제는 다르다. 작가는 두 가지 측면에서 예법과 도덕의 억압 때문에 정신적으로 고통 받는 여성에 대해 서술했다. 즉, 여성들은 사랑과 결혼을 간절히 원했지만 동시에 예법과 도덕의 속박에서 벗어나지 못했던 것이다. 이것이 바로 봉건시대를 살았던 여성들이 처한 현실이었다.

　　착실하고 진실한 당나라 사람들에게는 의외의 몽환적인 세계가 존재했는데 소설 속에 등장하는 수많은 꿈 속 장면들은 결코 우연이라 할 수 없다. 꿈을 다룬 소설들은 불교와 도교의 영향을 받아 꿈이라는 환상을 통해 참된 나를 추구하며 속세에서 벗어나려 했다.

　　그중에서도 가장 유명한 꿈은 순우분淳于紛이 꾸었던 '남가일몽南柯一夢'과 노생盧生이 꾸었던 '황량미몽黃梁美夢'이다. 몽환적인 내용을 담은 〈침중기枕中記〉와는 달리 〈남가태수전南柯太守傳〉은 당시 관료사회의 부패를 폭로하며 더욱 날카로운 풍자를 보여준다. 이 작품들은 모두 불교와 도교 사상뿐만 아니라 사회의 현실도 반영하고 있다.

　　세상 모든 만물에는 영혼이 존재한다. 당나라 전기소설에는 여전히 육조지괴의 분위기가 남아 있었는데 〈분수노로汾水老姥〉와 〈설의녀雪衣女〉 등은 모두 신선과 요괴에 대한 이야기다. 민간에서 전해지는 이야기를 다룬 〈첨생憺生〉은 뱀이 선비에게 은혜를 보답하는 내용으로 후대의 〈백사전白蛇傳〉 역시 어느 정도는 이 작품의 영향을 받았다.

　　중국 최초로 그림의 신이 등장하는 이야기는 남북조시대 장승유張僧繇의 '화룡점정畫龍點睛'이다. 당나라

- 모란정(牡丹亭) : 이 작품의 정식 명칭은 《모란정환혼기(牡丹亭還魂記)》이다. 탕현조가 지은 것으로, 명나라 귀족 자제들의 이루어질 수 없는 사랑을 그린 낭만주의 작품이다.

- 이혼기(離魂記) : 위진남북조 시대의 괴이한 일을 기록한 지괴(志怪)소설에서 소재를 구했으나, 괴이한 줄거리보다 강렬한 사랑에 초점을 둔 중당(中唐, 766-835년) 시대의 전기소설 명작이다.

- 유명록·방아(幽冥錄·龐阿) : 위진남북조 시대 송나라의 문학가 유의경(劉義慶)이 지은 소설로 《유명록幽明錄》으로도 불린다. 현재는 소실되어 전해지지 않고 루쉰(魯迅)의 《고소설구침(古小說鉤沈)》에 일부가 실려 있다. 방아는 작품 속 인물.

- 영괴록·정생(靈怪錄·鄭生) : 이미 죽은 노부인이 외손녀를 정생에게 시집보내기 위해 외손녀의 영혼을 사람이 되도록 하여 정생과 부부의 인연을 맺게 한 후, 외손녀가 친정에 돌아오자 두 여자가 합쳐진 한 몸이 된다는 내용. '정생'은 작품 속 인물.

- 침중기(枕中記) : 심기제(沈旣濟)가 남긴 소설로 중당(中唐) 전기소설의 대표작. 우리나라의 구운몽처럼 짧은 꿈속에 주인공의 파란만장한 일생이 그려진다. 신비롭고 환상적인 분위기 속에서도 당대 사회의 어두운 면을 예리하게 풍자한다.

- 남가태수전(南柯太守傳) : 이공좌(李公佐)가 쓴 당나라의 전기소설로 당대 관리들의 부패상과 정치의 이면을 조명했다. '인생은 한바탕 꿈(人生若夢)'이라는 주제를 담고 있다.

- 분수노로(汾水老姥) : 분수(汾水)는 산시성(山西省)을 남북으로 흐르는 강을 뜻한다.

- 장승유(張僧繇) : 양(梁)나라 때의 화가.

에 이르러 풍경과 인물, 새나 짐승이 그림에 많이 등장했고 염립본閻立本, 오도자吳道子, 왕유 등 유명한 화가들도 다수 배출되었다. 또한 '한간화마韓幹畫馬', 말을 전문적으로 그리던 한간의 기이한 이야기까지 더해져 미술과 이론에 관한 논평에 유용한 참고 자료가 되었다.

명나라 도원거사 桃園居士는 이렇게 말했다. "당나라 삼백년 동안 문장은 가장 융성했으며 소설과 시의 격률은 단연코 으뜸이었다."

천 년 전 장안, 청명한 달빛과 흐드러진 복숭아꽃 아래에선 술 한 잔을 사이에 두고 밤새도록 이야기가 오고갔다. 당시의 이야기들은 이미 중국 문명의 전성기가 되어 영원히 사라지지 않을 기억으로 남았다.

천 년의 세월이 흐른 뒤 또 다시 소설책을 집어 든다면, 혹은 두르마리 그림을 펼친다면, 아마도 당신은 애절한 사랑 이야기에 마음을 애태우거나 총명하고 지혜로운 여우신을 내내 그리워하게 될지도 모른다. 당나라를 마주한다면, 당신의 꿈은 끝나지 않을 테니…….

- 염립본(閻立本) : 당나라 때의 대신이자 화가.
- 오도자(吳道子) : 당나라 때의 화가, 후에 현종(玄宗)의 명으로 도현(道玄)이라 개명한 뒤 오도현으로도 불린다.

여름 밤 괴담

공자는 괴이함과 힘으로 하는 일, 어지러운 일, 귀신에 관한 이야기를 하지 않았다. 하지만 호방한 당나라 사람들은 전혀 개의치 않고 귀신이야기를 즐겼다. 귀신과 요괴의 이야기가 담긴 전기는 당나라 사람들이 가장 즐겨 읽는 책이었고, 이는 차를 마시거나 식사를 마친 뒤 한가한 시간에 주로 등장하는 이야깃거리였다.

시원한 바람이 불어오는 여름밤, 향기로운 차 한 잔과 함께 친구들과 둘러앉아 당나라의 기묘한 이야기들을 나눠보는 건 어떨까.

유의전서 柳毅傳書

《태평광기 太平廣記》에 나오는 이야기다. 동정호 洞庭湖 용왕의 딸인 용녀 龍女는 시집을 간 뒤 들판에서 양을 치며 노예처럼 살다가 우연히 서생 유의를 만나게 된다. 용녀의 부탁을 받은 유의는 그녀를 대신해 친정에 서신을 전해주는데, 동정군의 남동생인 전당군 錢塘君은 모든 사실을 알고 크게 분노해 용녀의 시집 식구들을 모조리 죽인 뒤 용녀를 구해온다.

유의의 기개에 감동한 전당군은 유의와 용녀를 결혼시키려 하지만 유의는 이를 거절한다. 이후 오랜 세월이 지나 수많은 우여곡절 끝에 용녀는 마침내 유의와 혼인을 하게 된다.

무지개로 만든 치마와 깃털로 만든 윗옷

당나라 때는 귀족부터 평민에 이르기까지 모두가 신선의 방술을 좋아했다. 전설에 따르면 당나라 황제 현종은 나공원羅公遠이라는 도사와 가까이 지냈다고 한다. 나공원은 나이가 무척 많았지만 그 외모가 마치 젊은 청년 같았으며 무예와 도술이 훌륭했다고 전해진다.

어느 해 추석, 나공원은 현종을 위해 도술을 부린다. 자신의 지팡이를 공중으로 던지자 대나무 지팡이가 기나긴 다리로 변한 것이다. 현종이 그 다리에 올라 십 리 정도를 걸었는데 어느 순간 눈부신 달빛과 차가운 바람이 사방에 가득해 주위를 자세히 살펴보니 그곳은 바로 전설 속의 월궁月宮이었다. 월궁 안으로 몰래 숨어 들어간 현종은 무지개 옷을 입은 수백 명의 선녀들이 음악에 맞춰 춤추는 장면을 보게 되는데 그 모습이 아름답기가 그지없었다. 한 선녀에게 이것이 무슨 음악이냐고 묻자 '예상우의霓裳羽衣'라는 대답이 돌아왔고 현종은 그 음조를 기억해 두었다가 인간 세상으로 돌아와 궁중의 악사들에게 〈예상우의곡〉이란 음악을 만들게 했다.

• 예상우의(霓裳羽衣) : 무지개(雲霓)로 만든 치마와 깃털로 만든 윗옷이라는 뜻으로서 여자들의 화려한 옷차림을 비유한다. 당나라 때 만들어진 무곡(舞曲) 〈예상우의곡〉은 양경술이라는 자가 현종에게 바친 것을 현종이 가사를 다듬었는데, 이 곡을 많이 아꼈다고 한다.

정혼점 定婚店

　중국인들은 결과에는 반드시 원인이 있기 마련이며 세상 수많은 일들은 모두 하늘의 뜻이라 믿었다. 월하노인에 관한 기이한 이야기는 당나라의 소설가 이복언 李復言의 《속유괴록 續幽怪錄》에 등장한다.

　〈정혼점〉에 나오는 이야기다. 당나라의 위고 韋固라는 청년이 어느 날 밤 한 노인을 우연히 만나게 된다. 노인은 휘영청 밝은 달빛 아래 커다란 책을 뒤적이는 중이었는데 이 모습을 본 위고는 호기심에 그것이 무슨 책인지 묻는다. 그러자 노인은 이 세상 혼사에 관한 모든 것이 적힌 〈원앙보〉라는 책이라고 대답한다. 위고가 노인을 향해 그럼 자신의 배필은 지금 어디 있느냐고 묻자 노인은 시장에서 채소 파는 아주머니를 가리키며 그녀가 안고 있는 겨우 세 살 된 아이가 바로 위고의 짝이라고 말해준다. 그들의 남루한 행색이 영 마음에 들지 않았던 위고는 사람을 불러 여자아이를 칼로 찌르게 한다. 십 여 년이 지나 혼인을 한 위고는 신혼 첫날 밤 아름다운 아내의 얼굴에서 상처를 발견하는데, 나중에서야 아내가 어릴 때 나쁜 사람의 습격으로 미간에 상처가 남았다는 사실을 알게 된다. 이 이야기가 사람들의 입으로 전해서 그 유명한 '월하노인'이 되었다.

- 속유괴록(續幽怪錄) : 이복언(李復言)이 지은 중국 당나라 때의 문어체 전기소설이다. 달빛 아래에서 사람과 사람의 인연을 이어준다는 월하노인 이야기가 수록되어 있다.

침중기 枕中記

당나라 전기소설의 전성기를 알리는 작품인 《침중기》는 중국 중당 中唐 시대에 창작된 것으로 후대의 문학에도 큰 영향을 주었다.

당 개원 7년 719년 과거시험에 낙방한 노생은 하는 일마다 잘 풀리지 않았다. 의기소침해진 노생은 어느 날 한단 邯鄲 지역을 지나가다 신선술을 익힌 도사 여옹 呂翁을 주점에서 우연히 만나게 된다. 자신의 신세를 한탄하는 노생에게 도사 여옹은 도자기로 만든 베개를 꺼내주며 누워보라 권한다. 그 베개를 베고 잠이 든 노생은 꿈속에서 아름답고 온화한 여인을 아내로 맞고 진사 시험에도 합격하여 관직을 얻는다. 또한 노생의 자식들 역시 고관대작이 되어 명문가의 규수들과 혼인을 하는데 그야말로 대대손손 번성하며 세상 모든 부귀영화를 누리게 된 것이다.

여든 살이 되어 병으로 곧 죽음을 앞둔 상태였던 노생은 막 숨이 끊어지려는 찰나에 잠에서 깨어나고, 깜짝 놀라 주위를 둘러보니 모든 것이 잠들기 전 그대로였다. 여옹은 여전히 옆에 앉아 있었고 주점 주인이 찌던 조밥 역시 익지도 않은 상태였다. 황량일몽 黃粱一夢은 바로 이 이야기에서 유래된 것이다.

- 황량일몽(黃粱一夢): 황량반(黃粱飯)은 조를 쪄서 익힌 조밥을 말한다. 이 조밥을 지을 정도의 짧은 시간 동안 꿈을 꾼 노생의 이야기를 뜻하는 말인데, 당나라의 전기소설 《침중기》 속에 등장한다. 《침중기》는 우리나라의 고전소설 《구운몽》과 비슷한 내용이다.

이혼기 離婚記

지금까지가 신선에 관한 이야기였다면 이제부터는 귀신에 대한 이야기를 한번 살펴보자. 〈이혼기〉는 귀신과 인간의 사랑을 다룬 현묘한 이야기다.

형주衡州의 관리였던 청하清河사람 장일張鎰에게는 곱고 단정한 용모의 딸 천랑倩娘이 있었다. 그리고 조카인 왕주王宙는 어려서부터 총명하고 잘생긴 외모로 장일의 귀여움을 독차지했는데, 장일은 훗날 천랑이 크면 왕주와 짝을 지어줘야겠다고 내심 생각했다. 세월이 흘러 천랑과 왕주는 이미 사랑하는 사이가 되었지만 이 사실을 모르는 장일은 애초의 생각과는 달리 천랑을 다른 사람과 혼인시키기로 결정한다. 이에 천랑은 깊은 슬픔에 빠졌고 왕주는 장일을 크게 원망하며 배를 타고 먼 곳으로 길을 떠난다. 그런데 배가 어느 해안가에 이른 깊은 밤, 잠을 이루지 못하던 왕주 앞에 갑자기 어디선가 천랑이 나타난다. 천랑은 필사적으로 그를 향해 달려오고 있었다. 두 사람의 뜻밖의 만남에 크게 기뻐하며 배를 타고 외지로 건너가 부부의 인연을 맺는다.

오 년의 세월이 흐르고 천랑이 부모를 몹시 그리워하자 두 사람은 다시 형주로 향한다. 왕주는 먼저 장일을 찾아가 그 동안의 이야기를 털어놓고 용서를 구한다. 하지만 장일은 도대체 무슨 소리를 하는지 모르겠다며 자신의 딸 왕주가 집을 떠난 뒤 병으로 몸져누워 집 밖으로 한 발짝도 나간 적이 없다고 말한다. 바로 그때, 저 멀리서 천랑이 걸어오자 친정집에 머물던 천랑이 마중을 나오고 서로 가까워진 두 명의 천랑은 마침내 합체된다. 오 년 전 왕주를 따라나섰던 천랑은 바로 그녀의 혼령이었던 것이다.

- 현묘(玄妙) : 이치나 기예의 경지가 헤아릴 수 없이 미묘함.
- 형주(衡州) : 지금의 호남성(湖南省) 형양시(衡陽市) 일대.

첨생 檐生

　동물 요괴는 괴담에 주로 등장하는 소재였다. 당나라의 괴담소설에도 동물 요괴들이 등장하는 이야기가 무척 많다. 〈첨생〉은 선비와 뱀에 관한 이야기다.

　당나라의 선비가 작은 뱀 한 마리를 키웠는데 그 뱀에게 첨생이란 이름을 붙여주었다. 시간이 흘러 뱀이 점점 자라 집에서 키우기 힘들 정도로 몸집이 커져버리자 선비는 어쩔 수 없이 뱀을 호수에 놓아 주었다. 그 후로 사십 년 뒤, 배 한 척의 크기만큼 거대하게 자라버린 뱀은 지나가는 행인들을 수시로 잡아먹었다. 사람들은 이미 늙어버린 선비에게 더 이상 그 호수 근처에 가지 말 것을 당부했지만 뱀이 겨울잠을 잔다고 생각한 선비는 충고를 무시한 채 호수 가까이 다가갔다. 뱀이 자신에게 달려드는 순간, 그 모습이 볼수록 익숙하다고 생각한 선비는 뱀을 향해 너는 첨생이 아니냐고 묻는다. 선비의 말에 뱀은 위협을 멈추고 다시 호수로 되돌아갔는데 이 사실을 알게 된 현령은 살아남은 선비를 요괴로 의심해 감옥에 가두고 사형에 처한다.

　감옥에 갇힌 선비는 "첨생아, 첨생아, 내가 너를 키웠는데 결국 너 때문에 죽는구나."라며 홀로 탄식했고 이 말을 들은 첨생이 그날 밤 감옥을 제외한 마을 전체를 호수로 만들어 결국 선비만 살아남았다.

임씨전 任氏傳

여우요괴를 통해 인간과 현실 세계를 써내려간 최초의 작품인 〈임씨전〉은 여인 임씨로 변신한 여우의 충실한 사랑 이야기를 담고 있다.

장안성의 정육 鄭六이라는 사람이 어느 날 흰옷을 입은 임씨 성의 여인을 만나게 된다. 눈부시게 아리땁고 농염한 여인의 자태에 홀딱 반한 정육은 나중에 그녀가 여우요괴라는 사실을 알고 나서도 그녀를 잊지 못했다. 십 여일이 지나서 다시 임씨 여인을 만난 정육은 여우요괴란 이유로 절대 그녀를 버리지 않겠다는 맹세를 하고 두 사람은 결혼을 한다. 그 후로 새로운 관직에 나아가게 된 정육은 길을 떠나야만 했고 임씨는 기꺼이 정육을 따라나섰지만 도중에 사냥꾼의 무리를 만나 개에게 물려 죽고 만다. 정육은 자신이 가진 돈을 모두 털어 사냥꾼에게 주고 그녀의 시체를 받아 장례를 치러주었다.

분수의 노부인

〈분수노로汾水老姥〉에 나오는 내용이다. 분수강변에 살던 노부인이 어느 날 빨간 잉어 한 마리를 발견하고 집으로 데려온다. 잉어를 불쌍하게 여긴 노부인은 집 안에 작은 연못을 만들어 잉어를 키우기로 한다. 한 달 쯤 지났을까, 갑자기 연못 주위로 운무가 가득해지더니 잉어가 물 밖으로 튀어 올라 순식간에 구름 속으로 사라져버렸고 밤이 되자 다시 집으로 돌아왔다. 이 사실을 알게 된 사람들은 모두가 깜짝 놀라며 그 잉어를 요괴라 생각했다.

행여 잉어가 나쁜 짓이라도 저지를까봐 걱정이 된 노부인은 연못으로 다가가 조용히 이렇게 말했다. "너를 불쌍히 여겨 살려줬는데 혹시라도 나한테 나쁜 맘을 먹은 건 아니겠지?" 노부인의 말이 끝나기가 무섭게 잉어는 연못에서 튀어나와 원래의 분수강으로 돌아갔고 그 순간 영롱한 빛을 뿜는 투명한 진주알이 하늘에서 떨어졌다.

오 년 뒤, 노부인의 아들은 풍병風病에 걸려 하루하루 병세가 악화됐다. 크게 상심한 노부인은 아들을 살리기 위해 진주를 팔아 명의를 찾아 나서기로 결심하는데 진주가 어느새 환약으로 바뀌어 있었다. "아들을 살리고 은혜에 보답하기 위해 잉어가 나에게 준 선물이구나."

환약을 먹은 아들은 얼마 지나지 않아 병이 말끔하게 나았다.

한간화마 韓幹畫馬

　대부분의 요괴들은 어떤 물건에서 천지의 영기를 빨아들인 다음 수련을 거쳐 변신한다. 이들은 귀여울 때도 있지만 속박당하는 것을 싫어하고 인간적인 온정이 부족하다.

　전설에 따르면 어느 날 한간韓幹 앞에 빨간 옷을 입고 검정색 모자를 쓴 자가 나타났다고 한다. "누가 보내서 여기까지 오셨습니까?" 한간의 물음에 그 자는 이렇게 대답한다. "나는 귀신의 심부름꾼입니다. 듣자하니 당신이 말 그림을 대단히 잘 그린다던데, 우리 음계陰界를 위해 말 한 필 그려줄 수 있겠습니까?" 한간은 곧바로 말을 그려준 다음 그것을 불태워버렸다.

　며칠 뒤 외출에 나선 한간은 누군가가 자신을 향해 공손히 손을 모은 채 허리를 숙이며 감사의 인사를 하는 것을 보게 된다. "당신이 보내준 말 덕분에 험한 산과 가파른 고개를 넘는 고생을 면할 수 있었습니다. 은혜에 보답하고 싶습니다." 다음 날, 낯선 사람이 한간을 찾아와 하얀 비단 백 필을 건네자 한간은 그것을 기꺼이 받아들였다.

당나라의 동물기연

動物奇緣 | 글。천애단홍 天涯斷鴻

음력 7월 7일은 견우와 직녀가 만나는 날이다. 견우와 직녀의 이야기는 후대의 많은 문인들을 감동시켰으며 그들의 시문에 자주 인용되기도 했다. "칠월 칠일 장생전에서, 인적 없는 깊은 밤 속삭이던 약속", "이날 모든 군대가 말을 멈추었네, 언젠가 칠석날에 견우를 비웃기도 했었지." - 백거이(白居易)의 장한가(長恨歌)

그중에서도 가장 유명한 것은 진관秦觀의 〈작교선鵲橋仙〉에 등장하는 두 구절이다. "우리 두 사람 마음 영원히 변치 않는다면, 아침저녁 만나지 못한들 또 어떠하리."

사람들은 왕모의 무정함을 비판하고 견우와 직녀의 사랑을 칭송하면서도 이런 질문은 하지 않았다. 과연 견우는 어떻게 직녀의 마음을 얻었을까? 지금으로 따지자면 견우는 단지 농촌 총각이었고 직녀는 미모뿐만 아니라 좋은 조건까지 두루 갖춘 여성이었다. 이토록 격차가 큰 두 사람이 과연 어떻게 만나 사랑의 결실을 맺을 수 있었을까. 인간 세상의 인연은 붉은 실로 묶여 있다는데, 유독 견우와 직녀의 인연만 황소로 맺어졌다는 사실은 '동물기연'이라 생각해볼 수 있다.

실제로 현실에서 견우처럼 황소를 키워 직녀 같은 여성을 아내로 맞은 이야기는 매우 드물다. 하지만 애완동물을 키워 출세한 사람은 심심치 않게 등장한다. 포송령蒲松齡의 소설에 나오는 성명成名은 귀뚜라미를 공물로 바치고 "논밭 백 묘畝와 누각 만 채 그리고 수백 수천 마리의 소와 양을 갖게 되었는데, 외출할 때면 화려한 차림으로 말을 탄 모습이 여느 관료들보다 훨씬 호사스러웠다"고 묘사됐다. 허구와 과장이 넘치지만 사실 그 '황당함'의 이면에는 '쓰라린 눈물'이 자리 잡고 있었다.

명나라 선종宣宗은 귀뚜라미 싸움을 즐기는 것으로 유명했는데 해마다 전국각지의 백성들은 싸움에 능한 귀뚜라미를 공물로 바쳐야 했다. 비교적 낮은 관리였던 한 무관이 싸움 잘 하는 귀뚜라미를 바치자 왕이 크게 기뻐하며 그 자를 높은 관직으로 승격시켰다는 얘기도 있다. 이와 반대로 역참을 지키던 어떤 부부는 귀뚜라미를 잃어버리자 죗값을 피할 수 없다는 사실에 함께 목을 매 자살했다. 다시 말해 귀뚜라미 때문에 집안이 망한 것이다. 또한 몽골의 강력한 군대가 남쪽으로 밀고 들어와 나라가 멸망의 위기에 처했음에도 불구하고 국가의 안위를 책임져야 할 남송南宋 재상 가사도賈似道는 태평하게 누워 귀뚜라미 싸움놀이에 빠져 있었다. 결국 남송의 수도 임안臨安은 함락되었고 송나라는 멸망했다. 그야말로 귀뚜라미

- 왕모(王母) : 직녀의 어머니. 견우와 직녀를 헤어지게 하려고 둘 사이에 비녀를 던져 크나큰 은하수를 만들었다.
- 포송령(蒲松齡) : 중국 청나라 초기의 소설가 겸 극작가.

때문에 국가가 멸망한 것이다.

인간과 귀뚜라미 사이의 인연은 꽤나 오래되었다. 삼천 년 전역 《시경詩經·빈풍豳風·시월十月》에서는 귀뚜라미를 이렇게 묘사했다. "칠월에는 들판에서 뛰고, 팔월에는 처마 밑에 있고, 구월에는 방안에 들어와, 시월에는 내 침대 밑으로 숨어드네." 시인 백거이는 〈문공聞蛩〉에서 이렇게 말했다. "귀뚜라미 소리가 밤새도록 끊이질 않는데, 가을 달까지 비에 젖었구나. 근심으로 잠 못 이루는데, 소리는 점점 침상과 가까워지네."

또한 《부훤잡록負喧雜錄》에는 이런 내용도 나온다. "귀뚜라미 싸움은 당나라 천보 때 시작되었다. 장안의 부자들은 코끼리 어금니로 만든 상자에 귀뚜라미를 넣어두고 내기에 엄청난 돈을 썼다." 당나라의 왕궁에서는 귀뚜라미를 즐겨 키웠으며 특히나 귀뚜라미의 맑고 깨끗한 울음소리를 좋아했다. 귀뚜라미가 싸움에 능하다는 것은 귀뚜라미를 키우는 과정에서 알게 된 사실이라고 한다.

귀뚜라미 싸움과 마찬가지로 당나라 사람들은 닭싸움鬪鷄도 즐겼다. 당 태종, 현종, 대종, 의종, 희종 등 많은 황제들이 닭싸움을 좋아했는데 그중에서도 특히나 현종이 유명했다. 《신당서新唐書·오행지五行志》에는 "현종이 닭싸움을 좋아해 귀족과 신하 그리고 외척들까지 모두 이를 즐겼다"는 내용이 나온다. 현종은 용맹한 닭을 좋아했는데 가창賈昌이란 아이는 닭을 잘 키워 황제의 총애를 얻었다. 이 때문에 "글 읽기보다는 닭싸움을 하는 편이 훨씬 낫구나. 가 씨네 집 꼬마아이는 나이 열셋에 부귀영화를 누리네"라는 노래가 있을 정도였다.

한편 '당초사걸唐初四傑' 중 가장 유명한 인물인 왕발王勃은 닭싸움과는 악연이었다. 6세 때부터 문장을 쓸 만큼 재주가 뛰어나 신동이라 불렸던 왕발은 〈격영왕계문檄英王鷄文〉이라는 글을 썼다가 당 고종高宗의 미움을 사 관직을 박탈당한 뒤 장안에서 쫓겨났고 젊은 나이에 요절했다.

당나라의 시에는 궁에서 키우던 앵무새가 많이 등장하는데, 예를 들면 이런 내용들이다. "앵무새에게 사람의 언어를 가르치면 그대로 따라하였으며 새장 안에 오래 가둬둔 앵무새는 사람의 이름을 능숙하게 불렀다." "앵무새는 키울수록 부리가 빨갛게 변하는데 그 모습이 여인의 방과 잘 어우러졌다. 앵무새는

- 부훤잡록(負喧雜錄) : 송나라의 고문천(顧文薦)이 쓴 책.
- 당초사걸(唐初四傑) : 우리나라에서는 '초당사걸(初唐四傑)'로 부른다. 당나라 초기, 7세기의 대표적인 문인인 왕발(王勃)·양형(揚炯)·노조린(盧照隣)·낙빈왕(駱賓王)을 함께 통칭하는 표현이다.
- 왕발(王勃) : 650-675년, 6세 때 이미 문장을 지을 수 있었으며, 12세 때에 신동으로 조정에 추천을 받았고, 15세에는 조산랑이라는 벼슬을 받았다. 황족 패왕(沛王)이 그의 재주를 아껴 편찬 사업을 맡기기도 했다. 당시 황족과 귀족 계층에는 투계 놀이가 유행하고 있었는데, 영왕의 투계놀이를 비판한다는 뜻의 〈격영왕계문〉을 장난삼아 지었다가 고종의 노여움을 사게 된다.

動物奇緣 | 글。천애단홍 天涯斷鴻

사람의 이름을 불러줄 만큼 영특하고 지혜로웠으며 주인과 마음이 통했다." 똑똑하고 아름다운 앵무새는 황제와 후궁뿐만 아니라 일반 백성에 이르기까지 모두의 사랑을 받았다. 당 태종, 무측천, 양귀비, 당 현종 모두 앵무새를 사랑했던 인물이다.

정관貞觀 5년, 태종은 오색앵무새를 얻게 되자 곧바로 사람을 불러 앵무새를 위한 시를 지어주었다. 현종 또한 양귀비와 함께 '설의녀雪衣女'라는 이름의 앵무새를 오랫동안 키웠는데 새가 죽자 몹시 상심한 나머지 정원에 묘를 만들어 영원히 기억하고자 했다.

기원전 208년 겨울, 진나라의 재상 이사李斯는 아들과 함께 함양咸陽에서 허리가 잘려 처형당하기 전 이렇게 외쳤다. "누런 개를 끌고 너와 함께 동문 앞에서 토끼몰이를 하고 싶었는데 이제는 못 하게 되었구나!" "인생 최고의 치욕은 비천함이고 인생 최고의 슬픔은 가난함이다."라고 말했던 이사가 인생의 마지막 순간 흐느끼며 떠올린 것은 다름 아닌 개와 함께 나가는 토끼사냥이었다. 관직에서 쫓겨난 처지를 후회해봤자 이미 때는 늦었다는 의미도 있겠지만 사냥의 즐거움이 얼마나 컸는지를 가늠하게 해주는 이야기다.

상주시대商周時代 이래로 군주들은 사냥을 즐겼다. 사냥이 중국 역사상 가장 번창된 시기는 바로 당나라였다. 왕과 귀족부터 일반 백성에 이르기까지 모두가 사냥을 즐겼으며 사냥을 도와줄 사냥개뿐만 아니라 치타, 스라소니, 매, 새매 등도 많이 키웠다. 시인 두보의 〈화응畫鷹〉과 이백의 〈벽화창응찬壁畫蒼鷹贊〉을 보면 사냥을 도와주던 동물들에 대한 당나라 사람들의 각별한 마음을 엿볼 수 있다.

봉건사회에서 말은 국가의의 가장 중요한 재산이었으며 사람들의 교통수단이자 생업의 기반이었다. 예로부터 영웅은 늘 명마와 함께 나타났다. 패왕霸王에게는 오추마烏騅馬, 온후溫侯에게는 적토마赤兔馬, 심지어 울보 유황숙劉皇叔에게도 적로마的盧馬가 있었다. 이들과 말 사이의 기이한 인연은 지금까지도 아주 큰 이야깃거리로 전해진다.

당나라에서는 황제부터 백성에 이르기까지 모두가 말에 아주 관심이 많았고 황제들은 대부분 명마를 좋아했다. 당 태종은 직접《육마도찬六馬圖贊》을 썼을 뿐만 아니라 전투 중 자신과 생사고락을 함께하다 죽

- 정관(貞觀) : 당 태종(唐太宗) 이세민의 연호. 627-649년.
- 상주시대(商周時代) : 기원전 16세기 - 기원전 771년
- 유황숙(劉皇叔) : 삼국지의 유비.

은 여섯 마리의 말을 돌에 새겨 '소릉육준昭陵六駿'을 만들고 유명한 서예가 구양순歐陽詢을 불러 직접 축사를 짓게 했다. 또한 칸이라는 이름을 세우겠다며 특사를 보내 서역 각지에서 말을 구하자 이를 막기 위해 위징魏徵이 《간견사시마소諫遣使市馬疏》라는 상소문을 올리기도 했다. 말을 총애하기는 현종도 마찬가지였다. 매번 황태자의 생일인 천추절千秋節이 되면 홍경궁興慶宮에서 말 춤 공연이 열렸는데 이는 〈예상우의곡〉보다 훨씬 장대한 공연이었다고 한다.

정우鄭嵎의 《진양문시津陽門詩》에는 말에 대한 슬픈 이야기가 나온다. 군영에서 운 좋게 살아남은 말 한 마리가 나중에 춤추는 말이 되었는데 이 말은 북소리를 듣고 스스로 춤을 추기 시작했다. 말이 미쳤다고 생각한 마차꾼은 계속해서 채찍질을 했고 그럴수록 말은 더 심하게 춤을 추었다. 결국 마차꾼은 이 말을 죽이고 말았다. 당나라의 문인 한유韓愈는 이렇게 말했다. "백락伯樂이 있었기에 천리마를 알아볼 수 있었다. 천리마는 항상 존재하지만 백락은 그렇지 않다." 어쩌면 말은 자신을 알아봐 줄 주인을 평생 찾아 헤매는지도 모른다.

오늘날 우리는 도마뱀이나 친칠라 같은 동물을 키우며 마음을 위로받는다. 하지만 먼 옛날, 총애를 잃은 궁녀들에게는 작디 작은 반딧불 한 마리가 위안이 되었다는 사실을 상상이나 해보았는가? 그들은 적막한 궁전에서 반딧불을 벗 삼아 긴긴 밤을 홀로 보내야만 했다.

천지간의 모든 사물은 제각기 임자가 있다. 어느 날 밤, 당신이 당나라로 돌아갈 수 있다면 이토록 변화무쌍한 정령들 가운데 과연 어떤 동물과 아름답고 기이한 인연을 이어가겠는가?

- 소릉육준(昭陵六駿): 당나라 태종의 능, 자오링 안에 장식된 석조물로 636년에 만들어졌다. 높이 약 1.5m, 너비 약 1.8m의 넓은 판석 위에 각각 한 마리의 말이 자리 잡고 있고, 총 6마리가 부조되어 있다. 당 태종이 전장에서 탔던 말들을 기념한 것이다.
- 칸(Khan): 당 태종 이세민은 돌궐족을 비롯해 여러 민족을 정벌하고 결국 '천가한(天可汗)'이라는 칭호를 얻는데 '가한'이 바로 '칸'이라는 뜻이다.
- 홍경궁(興慶宮): 당나라 현종이 즉위하기 전 황자로 있을 때 머물렀던 저택으로 원래 이름은 융경방(隆慶坊)이었다. 궁으로 바뀐 뒤에는 이름을 홍경궁으로 바꾸었고, 장안의 동쪽 끝에 있었던 별궁으로 현종이 머물며 정무를 보았다.

복숭아꽃처럼 생겼으며 사람처럼 말한다

　당나라의 왕족과 일반 백성들은 모두가 너나 할 것 없이 애완동물 좋아했으며 당시 앵무새는 '국조'와 다름없는 위치였다. 무측천이 이 씨 집안을 떠나지 않았던 이유도 앵무새가 가르쳐 주었기 때문이란 얘기가 전해진다.

　천보 연간에 가장 유명했던 앵무새는 바로 당 현종이 키운 '설의녀'였다.《명황잡록 明皇雜錄》에 의하면 궁 안에 하얀 앵무새가 한 마리 있었는데 그 새의 이름이 바로 '설의녀'였다고 한다. 현종은 양귀비를 대동하고 다른 제왕들과 바둑을 즐겨 두었는데 전세가 불리해지면 항상 '설의녀'를 외쳐 불렀다. 그럼 앵무새가 재빨리 날아와 어지럽게 춤을 추거나 부리로 사람들의 손을 쪼아대서 도무지 바둑에 집중할 수 없게 만들었다. 덕분에 현종은 바둑만 두었다 하면 언제나 백전백승이었다.

• 명황잡록(明皇雜錄) : 작자는 정처회(鄭處誨), 당나라의 역사와 인물을 소개한 책.

훈련을 잘 받은 새매는 울타리 주변 토끼를 쫓지 않는다

앵무새 외에도 당나라 사람들은 매와 새매를 많이 키웠다. 이들은 애완용이었지만 동시에 사냥을 나갈 때 곁에서 도움을 줄 수 있는 동물이기도 했다. 당시에는 훈련이 잘 된 매를 소유했다는 사실이 매우 자랑스러운 일이었다. 당 태종은 새매를 상당히 아꼈으며 새매를 전문적으로 사육하는 관아까지 만들었다고 전해진다.

귀뚜라미 울음소리가 해뜰 때까지 계속되어 쉬지 못하였다

  당나라 때 가장 많은 사랑을 받은 애완용 동물은 바로 귀뚜라미다.
  그 역사가 천보 연간으로 거슬러 올라가는 귀뚜라미 싸움은 궁 안의 후궁들 사이에서 처음 시작되었다. 깊은 궁궐 안의 후궁들은 금으로 된 아름다운 상자 안에 귀뚜라미를 넣어 두고 한가할 때 귀뚜라미 싸움을 즐기며 가끔씩 내기를 했다. 외롭고 무료한 시간을 귀뚜라미 싸움으로 달랬던 것이다. 이 놀이는 점차 귀족들 사이에 유행처럼 퍼져나갔고 내기 역시 계속됐다. 싸움을 잘하는 귀뚜라미는 만 냥이 넘는 거액에 팔렸고 내기의 금액이 올라갈수록 귀뚜라미의 몸값도 높아졌다. 게딱지처럼 짙푸른 색에 철갑처럼 단단한 등, 검은 머리와 붉은 날개를 가진 귀뚜라미가 높은 가격에 거래됐다.

외로운 궁녀가 부채로 반딧불을 어루만지다

후궁이나 궁녀들에게 단지 꽃과 새만 있었던 건 아니다. 여름밤이 찾아오면 여인들은 하늘을 나는 반딧불을 부채로 살짝 어루만지곤 했다. 궁중의 여인들은 반딧불과 노닐며 적막하고 쓸쓸한 밤의 외로움을 달랬다.

닭싸움을 즐기니 입춘의 피곤함이 사라지다

앵무새가 궁중의 해어화였다면, 닭싸움은 평민들에게 사랑받는 놀이였다. 애초에 닭싸움은 평민들 사이에서만 유행하던 오락이었지만 점차 귀족들도 이를 즐기기 시작했다. 그중에서도 닭싸움을 좋아하기로 유명했던 현종은 성대한 닭싸움 대회를 수시로 열었다고 한다.

싸움에 출전하는 닭은 건장하고 사나워야 할 뿐 아니라 싸움에 능숙해야 했다. 뛰어난 싸움닭은 큰돈을 주고도 구하기가 힘들 정도였다. 이백, 왕발, 두보 등 당나라의 유명한 시인들이 닭싸움을 소재로 뛰어난 작품을 남겼다.

해서海西에서 온 최고의 말들

만약 당나라를 대표할 수 있는 동물을 딱 하나만 골라야 한다면 그건 두말할 필요도 없이 말이다. 당나라 사람들의 말 사랑은 일반적인 수준을 넘어 거의 광적이었다. 당나라 사람들이 좋아했던 여가 활동 중에는 말과 관련된 운동이 단연 으뜸이었다.

궁에서 크게 유행했던 말 춤은 역사 이래로 항상 사람들의 입에 오르내리는 흥미진진한 이야깃거리였으며 왕실의 중요한 행사마다 자주 등장하는 공연 중의 하나였다.

• 해서(海西) : 중국 대륙 황해의 서쪽.

계곡에서 말을 씻겨주는 사람들

특히나 말을 좋아했던 당나라 사람들은 날씨가 좋으면 늘 자신의 애마를 데리고 교외의 맑은 계곡이나 강가로 나가 다른 사람의 손을 빌리지 않고 직접 말을 씻겨주며 유쾌한 시간을 보내곤 했다.

바람처럼 초원을 가르는 사냥개

　당나라 사람들은 말과 함께 하는 활동이라면 뭐든 좋아했다. 사냥 역시 마찬가지였다. 당시 사람들은 목표물을 정확하게 쫓아가기 위해 사냥개를 훈련시켰다.
　사냥개는 바람처럼 빠른 속도로 달려 나가 순식간에 토끼 같은 동물을 쫓아갈 수 있었다. 그래서 황제들의 사냥에는 언제나 사냥개가 빠지지 않았다.

사냥개 역할을 했던 맹수들

당나라에서 많은 애완동물을 키웠던 이유 중의 하나는 바로 사냥이 매우 성행했기 때문이다. 보통은 매나 사냥개였지만 치타와 스라소니를 키우는 사람도 있었다.

치타와 스라소니는 맹수의 기질이 다분했지만 조련사의 전문적 훈련을 받아 귀족들의 애완동물로 탈바꿈했다. 사냥을 나갈 때면 주인의 말안장 뒤에 얌전히 앉은 모습이 제법 귀여울 정도였다.

낙타를 타고 장안성에 들어온 외국 상인들

당나라의 국력은 강성했으며 다른 민족과의 경제적, 문화적 교류 역시 전례를 찾아볼 수 없을 만큼 활발했다. 실크로드의 상인들을 따라 진기하고 희귀한 동물들이 장안으로 들어오자 귀족들은 이를 자신의 집에서 키우기 시작했다.

코끼리, 코뿔소, 타조 등은 흔한 동물이었다. 그리고 실크로드를 무사히 건너는데 가장 큰 공을 세운 낙타도 있었다. 낙타는 인내심이 많은데다가 무거운 짐도 거뜬히 짊어졌기 때문에 외국 상인들이 가장 애용하는 교통수단이기도 했다. 낙타를 끌고 성안으로 들어오는 상인들의 모습은 장안의 또 다른 볼거리였다.

당나라의 절세미인

唐宮雪月花時

글。가루라화익 迦樓羅火翼

백거이는 이렇게 말했다. "눈 내릴 때, 달 밝을 때, 꽃이 필 때, 그대가 가장 그립다." 그러고 보면 당나라 사람들은 눈송이가 나부낄 때와 밝은 달이 뜰 때 그리고 꽃이 활짝 피었을 때를 최고의 호시절로 여겼던 것 같다. 현종의 재위 기간 동안 당나라 황궁의 호사스러움은 극에 달했다. 정원에 눈이 내리고, 달이 뜨고, 꽃이 필 때면 그 어떤 풍경과도 비교할 수 없을 만큼 아름다웠다.

눈발이 흩날리는 겨울날, 양귀비와 궁인들은 대명궁大明宮의 처마마다 매달린 기다란 고드름을 떼어 내며 놀고 있었다. 마침 그곳을 지나가던 현종이 양귀비를 향해 지금 무엇을 하는 중이냐고 묻자 양귀비는 이렇게 대답했다. "얼음 젓가락을 가지고 노는 중입니다." 현종은 양귀비의 말을 듣고 어찌 그리 귀여운 비유를 생각해낼 수 있느냐며 양귀비의 총명함과 지혜로움을 거듭 칭찬했다. 사실 어린아이들이나 하는 그저 평범한 농담에 불과했지만 아마도 현종은 양귀비의 이런 천진난만한 모습에 마음이 요동쳤던 것인지도 모른다.

만약 이 두 사람이 평범한 부부였다면 무척이나 감동적인 장면일지도 모르겠다. 하지만 제왕과 후궁 사이라면 얘기가 조금 다르다. 게다가 이 장면은 칠월 칠석 장생전에서 사랑을 맹세하던 그때와 너무 닮아서 왠지 모르게 개운치 않은 기분이 든다. 마치 끓여놓고 하룻밤이 지난 차를 마시는 것처럼.*

예로부터 진귀한 꽃과 절세미인은 언제나 사랑을 받았다. 시문에서도 볼 수 있듯 양귀비는 늘 꽃과 함께 나타났다. '연꽃 같은 얼굴과 버들가지 같은 눈썹', '이슬 품은 한 떨기 모란꽃' 같은 표현은 이미 사람들에게 익숙하다. 또한 현종이 복숭아꽃 한 송이를 양귀비의 머리에 꽂아 주자, 복숭아꽃은 '소한화銷恨花'가 아닌 '조교화助嬌花'란 아름다운 이름을 얻기도 했다. 하지만 연꽃의 운명은 조금 달랐다. 사람들은 활짝 핀 연꽃의 청순함과 아름다움에 감탄했지만 현종은 양귀비를 가리키며 이렇게 말했다. "연꽃이 아무리 아름답다한들 나의 '해어화解語花'에 비하겠는가?"

꽃이 흐드러지게 필 때면 현종은 궁인들을 마치 군대처럼 분장시켜놓고 양귀비와 함께 꽃밭에서 각양각색의 전투를 벌였는데, 이를 '풍류진風流陣'이라 불렀다. 하지만 식견이 있는 대신들은 궁궐에서 칼을 들고 군사 놀이를 하는 것이 좋은 징조가 아니라며 걱정했다. 그 후로 정말로 안사의 난安史之亂이 이곳에서 일어났다. "화와 복이 들어오는 문은 따로 없다. 오직 사람이 스스로 자초할 뿐." 어쩌면 궁궐에서 벌어진

*【역자 주】백거이의 〈장한가〉에는 당 현종이 칠월 칠석날 장생전에서 양귀비에게 영원한 사랑을 맹세하는 부분이 있다. 자신의 마음을 '비익조'와 '연리지'로 표현하며 죽어서도 헤어지지 않겠다는 굳은 약속을 하지만, 막상 양귀비가 죽게 될 위기에 처하자 현종은 그녀를 외면했다.
작가는 현종과 양귀비의 다정한 모습을 두고 칠석날 장생전에서 사랑을 맹세하던 장면을 떠올리다가 그들의 비극적인 마지막 모습이 생각났고, 이러한 맥락에서 개운치 않은 기분이 들었다고 표현한 것 같다.

비익조(比翼鳥) : 암컷과 수컷의 눈과 날개가 하나씩이어서 짝을 짓지 않으면 날지 못한다는 전설의 새. 남녀 또는 부부 사이의 두터운 정을 비유적으로 이르는 말.

연리지(連理枝) : 두 나무의 가지가 서로 맞닿아서 결이 서로 통한 것. 화목한 부부나 남녀 사이를 비유적으로 표현.

- 대명궁(大明宮) : 당나라 3대 궁전 중 하나로 서안에 위치하고 있다. 3대 궁전은 태극궁, 대명궁, 흥경궁인데 그 중 대명궁의 규모가 가장 크고 웅장하다.
- 소한화(銷恨花) : 옛날 사람들은 원추리(혹은 망우초(忘憂草))가 사람으로 하여금 근심을 잊게 해 준다고 여겼는데, 궁궐에 만개한 복숭아꽃을 본 현종이 '원추리뿐만 아니라 이 꽃도 한을 잊게 해 준다'고 하여 '소한화'로 불렸다.
- 조교화(助嬌花) : 아름다움을 더욱 돋보이게 해주는 꽃.
- 해어화(解語花) : 말을 이해하는 꽃, 아름다운 여인을 비유.

군사 놀이가 이 말을 분명히 보여주는 것인지도 모른다.

　　정월 보름과 음력 8월 15일은 가장 환상적인 달을 감상할 수 있는 날이다. 추석날 밤, 도사의 힘을 빌려 월궁에 간 현종은 〈예상우의곡〉의 악보를 얻었다. 구름다리를 건너 이원에서 흘러나오는 음악을 반주 삼아 길게 늘어선 오색 등불을 감상하며 아름다운 밤을 만끽했다. 그 순간 달을 더욱 빛나게 만든 건 바로 음악이었다. 음악에 조예가 깊었던 현종과 양귀비는 달구경과 춤 그리고 음악만큼은 허투루 넘어가지 않았다.

　　현종이 설립한 이원 말고도 당시 음악과 춤을 담당하는 기관으로 가장 손꼽히는 곳은 바로 교방이었다. 좌방左坊은 무용에 정통했고 우방右坊은 음악에 능했다. 가장 뛰어난 예인들은 의춘원宜春院으로 들어갔고 이들은 '나인內人'이라 불렸다. 그 외에 운소원云韶院의 '궁인宮人'과 민간인 중에 선출된 '추탄가搊彈家'도 있었다. 정월 대보름이면 교방에서는 대규모 가무공연을 책임졌는데, 그 춤추는 자태가 정묘하고 아름다울 뿐만 아니라 복식과 화장 역시 매우 독창적이었으며 순식간에 옷을 갈아입는 퍼포먼스까지 보여줄 정도로 웅장했다. 좌방과 우방의 경쟁은 늘 치열했다. 궁인과 추탄가만이 무용단의 가운데 위치할 수 있었고 하루 만에 복잡한 안무를 섭렵할 수 있는 의춘원의 천재무용가들은 줄의 맨 앞과 맨 끝에서 리더 역할이나 피날레를 담당했다. 하지만 나인들 사이에도 수준의 격차가 있었기 때문에 춤이 끝나는 마지막 부분은 반드시 가장 뛰어난 나인이 맡았다.

　　그러나 이보다 더 치열했던 건 바로 교방과 이원 사이의 경쟁이었다. 달빛 아래 음악이 울리기 시작하면 암암리에 열띤 기운이 오고갔다. 당시 현종에게 가장 총애를 받던 궁중악사 황번작黃幡綽은 이원 출신이었는데, 교방의 노래에는 야유를 보냈지만 이원의 공연에는 입이 마르도록 칭찬을 했다고 한다.

　　빛나고 떠들썩한 시절은 언젠간 지나가기 마련이다. "꽃이 지는 시절에 그대를 다시 만났네."라는 시 구절이 말해주듯, 두보가 이원을 누비던 이구년李龜年을 다시 만났을 때는 모든 부귀영화가 이미 사라진 뒤였다.

- 추탄가(搊彈家) : 현악기를 타는 여성 악공을 뜻한다.
- 이구년(李龜年) : 현종의 총애를 받던 궁중 악사였지만 안녹산의 난 이후 강남 지역을 떠돌다 죽음을 맞이한다.
- 꽃이 지는 시절에 그대를 다시 만났네: 두보의 시 〈江南逢李龜年(강남봉이구년)〉에 나오는 구절이다. 이 시는 안녹산의 난을 겪은 후 말년에 유랑생활을 하던 두보가 옛 친구 이구년을 뜻밖의 장소인 강남 담주(潭州)에서 쇠락한 모습으로 다시 만나게 되면서 그때 느낀 감회를 노래한 것이다. 화려한 시절을 다 보내고 초라한 신세가 된 지금의 처지를 낙화에 비유했다. 과거의 영화로운 시절과 화사한 강남의 풍경, 황혼기에 접어든 이리저리 떠도는 인생과 낙화시절의 대비가 돋보인다.

평양공주 平陽公主

당나라 사람들은 무예를 숭상했고 때로는 여인들도 군대에 참여할 수 있었다. 당나라 개국 황제 이연 李淵이 태원 太原에서 군사를 일으켜 수 隨나라를 공격할 당시 딸인 평양공주는 전 재산을 털어 군사를 모았다. 그녀가 이끌던 칠만 군사는 낭자군 娘子軍이라 불렸고 평양공주는 아버지가 천하를 평정하는데 큰 공을 세웠다. 과연 남자 못지않은 대단한 여인이라 할 수 있다.

금지옥엽 金枝玉葉

　구당서舊唐書와 당회요唐會要 등의 기록을 보면 당 태종이 총애했던 딸은 장락공주, 예장공주, 성양공주, 고양공주, 진양공주, 신성공주 이렇게 여섯이었다.

　그중에서도 장락공주, 고양공주 그리고 진양공주가 제일 유명하다. 장락공주는 그림에 능했으며 뛰어난 재능과 덕성을 겸비했고 고양공주는 응석받이였다. 진양공주는 총명하고 지혜로웠으며 성품이 온화했고 뛰어난 서예 실력까지 갖추었는데, 그 실력이 심지어 당 태종 이세민李世民의 글씨와 견주어도 구분이 되지 않을 정도였다고 한다.

- 구당서(舊唐書) : 945년, 5대10국(五代十國)시대에 이미 당나라의 역사에 대해 기술한 당서(唐書)가 있었지만, 내용이 불충분해서 송나라의 인종(仁宗)이 구양수(歐陽修) 등에게 보완하도록 명을 내린다. 17년에 걸쳐 책을 고친 끝에 《신당서(新唐書)》가 완성됐고, 기존의 당서는 구당서(舊唐書)로 불러 구분하였다.
- 당회요(唐會要) : 송대(宋代)의 왕부(王溥)가 기존에 편찬된 《회요(會要)》에 당나라 말기의 자료를 추가하여 《당회요》를 펴냈다. 당나라의 역사와 사회 전반의 분위기를 알 수 있도록 제왕, 종실, 외교, 사회제도 등 여러 가지 세목으로 나누어 연대순으로 분류 정리했다.

문성공주 文成公主

　공주들은 태어날 때부터 부귀영화를 누렸지만 때로는 국가와 백성의 안위를 위해 어쩔 수 없는 희생을 해야만 했다. 황제의 딸로서 짊어져야 할 책임은 무척이나 막중했다. 정관貞觀 연간, 당 태종은 문성공주를 토번吐蕃의 군주 송찬간포松贊干布와 결혼시켰다. 이를 계기로 당나라와 토번은 인척 사이가 되었고 그 후 수백 년 동안 평화로운 관계를 유지할 수 있었다.

무측천 武則天

당나라는 부유하고 개방적이었으며 봉건사회의 여인들도 자유로운 생활이 가능했다. 역사상 유일한 여성 황제 무측천 역시 바로 이 시기에 나타났다. 다른 곳에서는 볼 수 없는 그녀만의 독특한 자태는 역사의 그림 속에 깊이 새겨져 있다.

역사와 시문에 통달했던 무측천은 서예 실력도 뛰어났는데 특히 행서와 초서의 중간 서체인 행초行草와 비백서飛白書에 능했다. '비백'은 먹을 적게 하고 운필의 속도를 조절하여 획 안에 흰 잔줄이 생기도록 하는 기법으로 매우 격조 높은 서체이지만 그만큼 구사하기 어려운 것이 특징이다.

무측천은 그녀에 대한 평가가 유독 엇갈리는 인물이기도 하다. 그녀는 재위 기간 동안 인재를 고루 등용했고 사회의 폐단을 뿌리 뽑았으며 생산력을 증대시켰을 뿐만 아니라 역사의 흐름에 발맞춰 과감한 개혁을 단행했다. 또한 강력한 중앙집권화를 이룩하여 정관지치貞觀之治로부터 개원성세開元盛世에 이르기까지 경제 발전과 사회 안정을 이끈 정치적 업적을 세웠다.

- 정관지치(貞觀之治) : 627년-649년 당 태종 이세민의 통치 시기. 인재를 잘 등용해서 치세가 태평하고 나라가 강성하였으며 경제적으로도 번영을 이루었기에, 이 시기를 그의 연호 정관에서 따와 '정관지치' 또는 '정관의 치'라 했다.
- 개원성세(開元盛世) : 713년-741년 당 현종의 통치 시기로 당나라의 전성기(盛唐)이다. 나라가 부강하고 태평성세를 이루니 당 태종 대의 정관지치에 비견된다 해서 '개원성세' 또는 '개원지치'라 일컬었다.

상관완아 上官婉兒

　무측천의 즉위 이후 가장 신임을 받았던 여성 관리는 바로 상관완아였다. 아름답고 우아한 외모의 상관완아는 똑똑하고 영민할 뿐만 아니라 시서에도 조예가 깊은 팔방미인이었다. 무측천은 그녀를 매우 총애하여 조서詔書를 담당하는 일을 맡겼다. 한번은 상관완아가 무측천의 뜻을 거스르는 큰 잘못을 저질렀지만, 그녀의 재능을 아까워한 무측천이 사형을 면해주고 얼굴에 문신을 새기는 가벼운 형벌만을 내렸다.

　그 후로 문신을 가리기 위해 상관완아는 눈썹 사이에 매화를 그려 넣었는데 오히려 그것 때문에 상관완아의 아름다움은 더욱 부각되었다.

• 조서(詔書): 임금의 명령을 관료나 백성 일반에게 알리기 위한 목적으로 적은 문서.

태평공주 太平公主

　당나라 때는 여성이 남장을 하는 것이 유행이었다. 일반 가정집의 여인들은 남장을 하고 대중 앞에 나서기도 했으며 심지어 황실의 공주들까지 가끔 남장을 하고 나타났다.
　어느 날 당 고종 이치李治와 무측천이 잔치를 열었는데, 자줏빛 의복에 옥대玉帶를 차고 검은 두건을 두른 태평공주가 오품 이상의 무관이 지니는 일곱 가지 장신구를 걸친 채 모습을 드러냈다. 위풍당당한 남성의 자태로 가무를 선보이며 다가오는 태평공주를 향해 당 고종과 무측천이 "여인들은 무관이 될 수 없는데 어찌하여 그런 차림을 했느냐?"라고 묻자 공주는 이렇게 대답했다. "그럼 제가 걸치고 있는 것들을 미래의 부마가 될 사람에게 주어도 되겠습니까?"
　그녀의 뜻을 알아챈 황제는 얼마 후 태평공주를 설소薛紹와 혼인시켰다.

- 옥대(玉帶): 임금이나 관리가 조정에 나아갈 때 입던 의복에 두르던 옥으로 장식한 띠.

안락공주 安樂公主

    당나라에서 사람들에게 가장 많은 사랑을 받았던 공주는 태평공주와 안락공주였다. 만약 당나라에서 가장 아름다운 공주를 뽑는다면 바로 당 중종 이현李顯의 딸인 안락공주다. 태어날 때부터 천하를 놀라게 할 만큼 아리따운 미모를 지녔던 안락공주는 특히나 중종의 총애를 받았으며 그로 인해 늘 사치스럽고 화려한 생활을 했다.

    안락공주는 세상에서 보기 드문 백조군百鳥裙을 두 벌 소유했다고 전해진다. 백 마리 새의 깃털로 만든 치마인 백조군은 그 화려함이 극에 달해 보는 사람의 눈이 어지러울 정도였으며 보는 각도에 따라 다양한 색깔이 나타났다. 치마에는 쌀알 크기의 꽃과 새가 수놓아져 있었고 옷의 가치는 값을 매길 수 없을 정도였다.

붉은 먼지 일으키며 말 한 마리 달려오니 귀비가 미소 짓네

당 현종이 총애했던 후궁 양귀비는 천하절색의 용모에 음악과 무용에 정통했을 뿐만 아니라 비파에도 능했다. 백거이는 장한가에서 양귀비를 이렇게 묘사했다. "웃음 한 번에 백 가지 애교가 일어 궁궐 안의 미녀들이 얼굴빛을 잃었네." "매끄러운 온천수가 보드라운 살결을 씻어 내리는구나."

또한 이백의 시 〈청평조淸平調〉에도 이런 구절이 나온다. "구름을 보면 그대의 옷이 생각나고 꽃을 보면 그대의 얼굴이 떠오르네. 봄바람 난간을 스치니 이슬 빛 짙구나."

한편 "붉은 먼지 일으키며 말 한 마리 달려오니 귀비가 미소 짓네. 여지荔枝를 싣고 온 말 인줄은 아무도 모르네."라는 시구를 보면 당 현종이 양귀비를 얼마나 총애했는지를 알 수 있다.

- 여지(荔枝) : 흔히 '리치(Litchi)'라고 부르는 과일이다. 당나라 현종의 총애를 받은 양귀비가 이 과일을 좋아하자 먼곳에서 신선한 여지를 진상하기 위해 특별히 조련된 말로 실어나를 정도였다고 한다. 붉은 먼지를 일으키며 바삐 말을 달려온 모습을 두고 사람들은 무언가 몹시 급박한 일이 벌어져서 서둘러 왔다고 생각하겠지만, 사실은 귀비가 먹을 과일을 싣고 바삐 달리는 상황을 묘사한 것이다.

무희 사아만의 능파곡

양귀비는 음률에 능했으며 가무공연 관람을 매우 즐겼다. 당시 궁궐의 무희 중에 사아만謝阿蠻 이란 소녀는 뛰어난 춤 실력과 연기력으로 현종과 귀비의 각별한 사랑을 받았다. 비록 춤추는 궁인의 신분이었지만 사아만의 지위는 정오품의 녹봉을 받을 만큼 상당히 높았다.

사아만은 〈능파곡凌波曲〉에 맞춰 추는 춤으로 가장 유명했다. 〈능파곡〉은 당 현종 이융기가 직접 작곡한 노래로 양귀비의 비파 반주와 영왕 이헌李憲의 피리 그리고 이구년李龜年의 필률觱篥 연주 가 함께 어우러질 때면 그야말로 당나라의 대스타가 총출동하는 공연이라 할 수 있었다.

• 필률(觱篥) : 고대 관악기의 하나.

영신창가 永新唱歌

천보 연간, 현종과 양귀비의 음악사랑 덕분에 이원에는 훌륭한 예술가들이 많았다. 영신이라는 예명을 사용했던 허화자 許和子는 당시 최고의 가수였다. 그녀의 이름을 딴 〈영신부 永新婦〉는 당나라의 삼대 국악 중 하나였다.

아름다운 음색의 영신은 노래를 굉장히 잘했는데, 그녀는 민간가요와 궁중음악을 서로 결합시킨 새로운 창법을 만들어 모든 사람이 함께 노래를 즐길 수 있도록 했다. 아무리 시끌벅적한 장소라도 영신이 나타나면 사람들은 순식간에 입을 다물고 그녀의 노래를 들었다고 한다. 현종은 그녀의 노래를 두고 천금의 가치라며 칭찬했다.

취타금지 醉打金枝

 사람들은 흔히 공주라고 하면 금지옥엽처럼 귀한 몸이라 일반인은 물론이거니와 비록 부마일지라도 결코 실례를 범해선 안 된다고 생각한다. 하지만 당나라 때 곽애 郭曖라는 부마는 술을 마신 뒤 아내인 승평공주를 때렸지만 놀랍게도 무사히 살아남았다. 이 어린 부부의 이야기는 후에 〈취타금지〉라는 이름의 중국 전통극으로 각색되어 지금까지 전해진다.

당나라의 절기풍습

節氣民俗 | 글。천애단홍 天涯斷鴻

절기 민속으로 본 당나라

　조상으로부터 전해진 설날, 정월대보름, 추석부터 외국에서 유입된 크리스마스, 밸런타인데이, 추수감사절 그리고 직업 및 연령과 관련된 스승의 날, 어린이날에 이르기까지 일일이 열거하자면 우리가 챙겨야 할 명절은 참으로 많다. 하지만 이는 결코 당나라와는 비교가 되지 않는다. 당나라 때는 농업 생산과 관련하여 매우 중시했던 24절기뿐만 아니라 화조花朝, 중원中元, 사일社日, 중양重陽과 같은 명절을 따로 지냈다. 또한 당 현종의 천추절千秋節, 숙종肅宗의 천평지성절天平地成節, 대종代宗의 천흥절天興節, 그리고 문종文宗의 경성절慶成節처럼 황제의 탄신일 역시 명절이었다.

　당나라 사람들은 명절을 지낼 때 전통의식(기원, 제사)의 전례를 따랐지만, 한편으로는 명절의 유희적이고 오락적인 분위기를 더 중요하게 생각했다. 예를 들면 당나라의 정월대보름은 서양의 카니발 페스티벌에 비교될 만큼 온 나라 사람들이 함께 즐기던 성대한 축제로 황제와 황후까지 행렬에 참가할 정도였다. 역사의 기록에 따르면 경룡景龍 4년710년 정월대보름 밤에 당 중종은 황후와 함께 평상복 차림으로 등불을 구경했다고 한다. 정월대보름 밤에는 수천 명에 달하는 궁녀들도 궁궐 밖으로 등불 구경을 나갔는데, 그 길로 도망쳐 다시는 돌아오지 않는 궁녀들도 꽤 있었다. 선천先天 2년713년 상원절, 당 예종睿宗이 안복문安福門에서 등불을 구경하는 삼일 동안은 비단옷에 빛나는 보석을 걸치고 아름답게 화장을 한 궁녀 수천 명이 불빛 아래서 춤을 추며 그 곁을 지켰다. 정원대보름에 등불을 구경하는 즐거움은 예나 지금이나 다르지 않다. 당나라 사람들은 평범한 일상에 흥취를 더하기 위해 각양각색의 명절을 빌려 그날을 마음껏 즐겼다. 조상에게 제사를 지내는 청명절清明節에는 교외로 소풍을 나갔고 닭싸움, 공차기, 그네뛰기, 연놀이 등 갖가지 경기와 놀이가 펼쳐지기도 했다. 또한 단오절端午節은 위대한 애국시인 굴원屈原을 기념하는 날이었지만 당나라 사람들은 연회를 열고 다 같이 모여 선물을 주고받는 데 열을 올렸을 뿐만 아니라 용선龍舟 경기로 더욱 흥을 돋웠다. 그러고 보면 참으로 놀기 좋아하는 사람들이다!

　섣달 그믐날 밤을 지새우는 수세守歲나 중원절中元節의 제사 풍습은 오늘날까지도 전해지고 있는데, 이

- 경룡(景龍) : 중종(中宗)의 연호, 707-710년.
- 선천(先天) : 당 현종(玄宗)의 연호, 712-713년. 현종의 연호는 선천(先天), 개원(開元), 천보(天寶)이다.
- 예종(睿宗) : 당나라 5대 황제. 당 고종과 측천무후의 아들.
- 굴원(屈原) : 전국시대의 정치가이자 시인.
- 용선(龍舟) : 용의 머리 모양을 한 배. 이 배에 선수 여럿이 타서 배의 속도를 다투는 시합을 벌인다. 한문 독음은 '용주'인데 보통 '용선' '용선 경기'로 부른다.

에 관해서는 잠시 뒤에 설명하기로 하고 우선 사라진 풍습들부터 이야기 해보자.

많은 명절 가운데서도 현재 중국 사람들이 가장 중요하게 여기는 날은 바로 춘절이다. 천 년 전 당나라 사람들 역시 마찬가지였다. 당나라 때에도 섣달 그믐날 밤에 수세를 했지만 당시에는 귀신을 쫓는 구나의식驅儺儀式이 함께 거행되었다. 《진중세시기秦中歲時記》에는 이런 내용이 나온다. "섣달 그믐날 구나의식을 행했는데, 귀신 분장으로 악귀를 쫓는 역할을 각각 나공儺公과 나모儺母로 불렀다." 그리고 나무儺舞는 현재 소수 민족 사이에서만 전해지고 있다.

오늘날에는 이미 밸런타인데이로 변해 버린 '칠석'이지만 예전의 칠석은 '여인의 날'이었다. 여인들은 칠석날 밤에 상에 과일을 올리고 절을 하며 직녀에게 바느질 솜씨가 늘게 해달라고 빌었다. 당시의 여인들에게는 장미꽃보다 바늘과 실이 훨씬 중요했다.

많은 사람들이 알고 있듯 중양절은 노인절老人節로도 불린다. 하지만 '왜 이날을 노인절로 정했는지' 아는 사람은 매우 드물다. 노인을 존경하는 의미에서 노인절로 정했다는 설은 최근에 생겨난 것이다. 당나라 중엽 중화절中和節, 상사절上巳節과 함께 삼대 명절로 정해진 중양절은 민간인들이 상당히 중요하게 여긴 명절이었다. 중양절의 등고登高 풍속은 문인들 사이에서는 산에 올라 술을 마시며 시를 짓고 시문을 논하는 풍류가 되었고 일반 백성들에게는 일종의 종교 활동이 되었다. 사람들은 탑에 오르거나 사찰에 가서 향을 피우며 한편으로는 가을 풍경을 구경했다. 신을 공경하며 스스로의 즐거움도 함께 찾았던 것이다. 또한 이날 국화주를 마시고 수유 열매를 따는 풍습에는 장수를 기원하고 악귀를 쫓는다는 의미가 담겨 있었다.

당나라의 명절과 민속 중에는 오늘날까지 그대로 전해지는 것이 있는가 하면 변질되거나 아예 우리의 생활 속에서 자취를 감춘 것도 있다. "화조절花朝節이 언제인지 아십니까? 사일에 하면 안 되는 일이 무엇인지 아시나요? 당나라의 황제는 매년 정월 초하루마다 군신들에게 측백나무 잎을 하사했다는데 정말일까요?" 과연 우리는 이런 질문에 대답할 수 있을까? 답을 찾고 싶다면 뒷부분을 살펴보길 바란다.

너무도 길고 긴 세월이 흘렀지만 절기와 민속 안에 존재하는 당나라의 이미지는 영원히 사라지지 않을 것이다. 전성기 당나라 사람들의 모습은 우리 마음속에 차곡차곡 새겨져 있으니 말이다.

- 진중세시기(秦中歲時記) : 작자는 이뇨(李淖), 각종 연중행사를 기록한 책.
- 상사절(上巳節) : 우리나라에서는 음력 3월 3일 삼짇날이다.
- 등고(登高) : 산봉우리에 오르는 것.

上巳節 | 글。가루라화익 迦樓羅火翼

당나라의 상사절

당나라 때 유행했던 민속 풍습 가운데 이미 많은 것들이 사라졌다. 예를 들어 장안 사람들은 월식月食 때마다 구리거울을 가지고 나와 달을 향해 두드렸는데 이를 '격감구월 擊鑒救月'이라 불렀다. 반면 섣달 그믐날 터뜨리는 폭죽과 밤을 새우는 풍습, 정월 초하루에 서로 세배를 하는 풍습처럼 아직 존재하는 것들도 많다.

서적을 살펴보면 당나라의 수많은 절기 풍습에 대해 알 수 있다. 궁궐에서는 음력으로 정월 초이렛날 대신들을 초대해 연회를 열고 종이나 금박으로 사람의 형상을 본떠 만든 장식품을 하사했다.* 또한 입춘에는 채화수絲花樹를, 한식날에는 임금을 가까이 모시는 신하들에게 장식용 비단공이나 자수품을 하사했다. 그중에서도 꽤나 흥미로웠던 것은 측천무후則天武后 때 납일臘日, 즉 라바절臘八節에 궁궐 안의 정원 내원內苑에서 구지口脂와 납지蠟脂 등을 상아로 만든 통에 넣어 북문학사北門學士들에게 하사했던 일이다. 북문학사란 재상의 권한을 견제하는 홍문관弘文館 직속 학사들을 말하며 구지와 납지는 오늘날의 립밤이나 보디로션에 해당한다. 과연 여왕답게 하사품도 참으로 섬세하고 실용적이었다.

민간 활동 역시 풍부하고 다채로웠다. 의금부의 야간 통행금지를 없앤 정월대보름날에는 선비나 궁녀 모두 등불 구경을 할 수 있었으며 목욕을 하는 단오절에는 장명루長命縷를 차고서 용선경기를 구경했다. 반면 오늘날의 시각으로는 이해할 수 없는 금기도 무척이나 많았다. 예를 들면 이런 것들이다. 4월 4일에는 나무를 베어선 안 되고, 5월 5일에는 피를 보지 말아야 하며, 8월 4일에는 신발을 사면 안 되고, 10월 5일에는 사람을 처벌할 수 없다 …….

이토록 많은 명절 중에서도 당나라 사람들은 특히나 상사절을 주목했다. 상사절의 역사는 하夏 나라로 거슬러 올라간다. 그 유래가 대부분 농사와 연관되어 있는 상사절은 조위曹魏 이후부터 음력 3월 3일로 정해졌다. 이른 아침, 옅은 안개 속에서 녹아내리는 얼음과 밝게 빛나는 복숭아꽃 살구꽃 그리고 흐드러진 버드나무는 봄이 성큼 다가왔음을 알려준다. 길고도 추운 겨울을 보낸 사람들은 봄옷을 입고 밖으로

*【역자 주】중국 춘절 정월 초이렛날은 '인승절(人勝節)'이라고 불렀다. 이날 궁에서는 종이나 금박으로 사람의 형상을 본뜬 장식품을 하사하던 풍습이 있었는데 이를 '채루인승(彩縷人勝)'이라 했다.

- 라바절(臘八節) : 음력 12월 8일, 조상에게 풍요를 기원하는 제사를 지내며 '라바죽'을 먹었다.
- 북문학사(北門學士) : 675년 측천무후는 문인과 학사를 소집하여 다수의 서적을 보수하고 편찬했는데 이때 기용한 학자들을 북문학사라 했다. 훗날 측천무후의 정책을 만들고 보좌하는 역할을 담당했다.
- 장명루(長命縷) : 오색실을 남자아이는 왼팔에, 여자아이는 오른팔에 매는 것으로 요사스러운 귀신을 물리치고 장수하기를 기원하는 풍습이었다.
- 조위(曹魏) : 중국 삼국 중의 하나인 위(魏)를 달리 지칭하는 말. 조조(曹操)를 시조(始祖)로 하는 데서 나온 표현이다.

나와 잔잔한 물가에서 겨울 기운을 날려버렸다.

　진나라가 통일하기 이전 춘추전국 시대의 상사절은 젊은 남녀가 서로 만날 수 있는 좋은 기회였으며 이는 〈시경詩經·정풍鄭風·진유溱洧〉에 자세히 나온다. 이후로 상사절은 점점 문인들과 선비들이 모이는 날로 변해갔고 서예가 왕희지王羲之가 지인들과 유상곡수流觴曲水를 즐기며 《난정집서蘭亭集序》를 쓴 것 역시 부드럽고 따뜻한 바람이 부는 상사절이었다.

　당나라 때의 삼짇날은 이전 그 어느 시대보다도 중요했고 관련 풍속도 훨씬 많았다. 3월 3일은 나물의 새싹을 먹어선 안 되는 날이었다. 또한 궁에서는 독을 품은 전갈을 피할 수 있도록 대신들에게 실버들가지로 만든 동그란 환을 하사했으며 활쏘기에 능한 사람에게 말과 비단을 하사하는 풍속도 있었다. 그중에서도 상사절의 풍속을 묘사한 것으로 가장 유명한 작품은 바로 두보의 〈여인행麗人行〉이다.

　이 시는 왕의 총애를 등에 업은 양귀비 세력들을 암암리에 풍자한 것으로 오만방자하고 사치스러운 양씨 자매들을 이렇게 지칭했다. "삼월 삼일 봄 기운 새로우니, 장안의 물가엔 아름다운 여인이 많구나." "농염한 자태에 뜻은 멀고도 맑고 참되며, 매끄러운 살결에 몸매는 곱디 곱네"라는 구절은 아름다운 외모를 표현한 것이다.

　또한 그녀들은 '물총새 깃 머리장식'과 '진주 박힌 허리띠', '금실로 수놓은 공작새와 은실로 수놓은 기린'처럼 호사스러운 치장과 함께 눈이 부시도록 번쩍이는 '수놓은 비단옷'을 입고서 '푸른 솥'에서 건져낸 '낙타 등 요리'와 '수정 쟁반'에 담긴 '흰 물고기'를 먹었다. 게다가 그 주위에는 아부에 능한 자들이 수없이 많았다. 멀리서 바라보면 신이 물가에 내려온 것 같고 떠난 뒤엔 온 사방에 귀한 것들이 남아있다 했으니, 양귀비 일가의 세력과 사치가 얼마나 대단했는지 짐작해 볼 수 있다.

　하지만 같은 시각, 궁에서는 전혀 의외의 상황이 펼쳐졌다. 상사절은 궁녀들이 흥경궁의 대동전大同殿 앞에서 고향의 가족들과 만날 수 있는 날이었다. 그래서 매해 상사절만 되면 엄청난 인파가 궁전 앞에 떼를 지어 모여들었다. 운이 좋은 궁녀는 금세 가족을 찾았지만 그렇지 못한 경우에는 날이 어두워지도록 목 놓아 그리운 이름을 외치고도 가족들과 상봉하지 못했다. 그럼 어쩔 수 없이 내년을 기약해야 했다.

　세상살이란 이러하다. 행복하고 즐거운 나날 속에도 지울 수 없는 슬픔은 늘 존재하기 마련이다.

- 왕희지(王羲之) : 중국 동진(東晉)의 서예가. 해서·행서·초서 각 서체를 집대성했다, 서성(書聖)으로 불릴 만큼 존경받았으며, 시대가 흘러서도 그의 글씨를 아끼는 사람이 많았다. 당 태종은 왕희지의 글씨를 늘 곁에 두고 감상했다고 전해진다.
- 유상곡수(流觴曲水) : 굽이도는 물에 술잔을 띄워 그 잔이 자기 앞에 오기 전에 시를 짓던 놀이.
- 난정집서(蘭亭集序) : 《삼월삼일난정시서(三月三日蘭亭詩序)》라고도 한다. 353년 3월 3일 손작(孫綽), 사안(謝安), 지둔(支遁), 허순(許詢) 등 명사 41인이 회계산(會稽山) 양란저(陽蘭渚)에 모여서 제를 올리고 술을 마시며 시 37수를 지었다. 이것을 모아 문집을 만들고 왕희지가 서문을 지었다.

정월초하루 원단 元旦

'걸여원乞如願'은 남북조시대부터 당나라 때까지 줄곧 이어져 내려온 풍습으로 보통은 정월초하룻날 밤에 한다. 헝겊으로 만든 사람 모양의 인형 안에 흙을 집어넣고 밧줄로 잘 묶은 다음 막대기로 힘껏 내려치며 그 해의 모든 일이 잘 풀리길 기원하는 것이다.

이 풍습은 다음과 같은 이야기에서 시작되었다. 어떤 장사꾼이 청호淸湖라는 호수를 지날 때마다 매번 배 안의 물건으로 호수의 신 청호군淸湖君에게 제사를 지냈다고 한다. 여러 해가 지나도 한결같은 행동에 마침내 감동 받은 청호군은 장사꾼에게 무엇을 원하는지 물었다. 그러자 장사꾼은 "제가 바라는 것은 단지 걸여원입니다."라고 대답했다. 즉, 만사가 원하는 대로 이루어지길 바란다는 뜻이었다. 하지만 공교롭게도 여원如願이라는 이름의 시녀를 데리고 있던 청호군은 장사꾼에게 그 시녀를 주었다.

장사꾼의 집으로 오게 된 여원은 많은 일을 도맡아 했고 그가 원하는 일이라면 뭐든 다 들어주었다. 그러던 어느 해 정월 초하룻날, 여원이 늦잠을 자는 것을 본 장사꾼은 홧김에 손찌검을 하고 말았다. 얻어맞은 여원은 몹시 화를 내며 지저분한 흙무더기를 향해 달려갔고 그곳에서 순식간에 사라져버렸다. 장사꾼은 뒤늦게 후회해봤자 아무런 소용이 없었다. 장사꾼은 여원의 이름을 외치며 막대기로 흙무더기를 내리쳐보았지만 여원은 그 후로 다시는 돌아오지 않았다.

정월대보름 원소 元宵

당나라 때는 야간통행금지 제도가 있었다. 저녁 무렵이 되면 사람들은 모두 집으로 돌아가야 했고 길거리의 통행도 금지됐다. 그러나 일 년에 단 한 번, 바로 정원대보름 전후 며칠만큼은 예외였다. 황제는 통행금지를 없앴고 성 안에서는 삼 일 동안 꽃등을 밝혔다.

당나라의 정월대보름 날에는 달구경과 등불구경 말고도 등에 매달아놓은 수수께끼를 맞히는 놀이, 사복射覆놀이, 줄다리기처럼 놀거리가 많았다.

어두워지면 사람들은 밖으로 쏟아져 나와 밤거리를 즐겼다. 젊은이들은 각종 기괴한 모양의 가면을 썼는데 남녀의 가면을 바꾸어 여장남자나 남장여자처럼 꾸미기도 했다. 젊은 남녀들은 색색가지의 아름다운 꽃등을 구경하며 한편으로는 친구도 사귀었다.

《조야첨재 朝野僉載》의 기록에 따르면 개원 연간 어느 정월대보름날 안복문 밖에는 크기가 이백 척이나 되는 대형 등불이 걸렸다고 한다. 오색 비단을 휘감고 금은보화로 장식한 대형 등불에는 오만 개의 작은 등불이 매달려 있었는데 눈이 부시도록 번쩍이는 모습이 마치 보석으로 만든 꽃나무를 보는 것 같았다고 한다. 또한 등불 아래에서는 화려한 의상의 궁녀 수천 명이 나풀나풀 춤을 추었을 뿐만 아니라 일반 백성들 가운데 뽑힌 소녀 천 여 명이 삼일 내내 노래를 불렀다고 하니 그 광경은 말 그대로 사치스러움의 절정이었다.

- 조야첨재(朝野僉載) : 당나라 때 장작(張鷟)이 펴낸 책이다. 주로 수나라와 당나라 시대의 조정과 재야에서 전해지는 이야기를 담고 있다. 특히 측천무후에 관한 이야기가 많고, 신비한 사건들과 역사의 잔혹함을 조명한다. 원래 20권이 있었다고 하나 현재 6권만 남아 있다.

사일 社日

사일은 사신社神, 즉 토지의 신에게 제사를 지내는 날이다. 당나라의 사제社祭는 국가의 법으로 규정된 제사였으며 각각 봄과 가을에 지내는 춘사春社와 추사秋社가 있었다.

춘사 날이 되면 백성들은 한데 모여 소와 양을 잡고 술을 준비해 좋은 날씨와 풍성한 수확을 기원하며 신에게 제사를 올렸다. 그리고 제사가 끝나면 함께 제사 음식을 나누어 먹었다. 다른 명절과 비교하면 사일은 특히나 농민들을 위한 축제의 날이었다. 평소 농사 때문에 늘 바빴던 사람들은 이날의 한바탕 잔치를 매우 흥겹게 즐겼다.

사일의 제사에 쓰였던 술을 마시면 귀머거리가 나을 수 있다는 말 때문에 일부러 술을 마시러 오는 사람도 있었다. 또한 사일에는 황제가 양고기를 비롯해 술과 쌀, 떡, 해산물 등을 백성들에게 하사했다.

춘사와 추사의 제사 내용은 비슷했지만 목적은 달랐다. 춘사의 목적은 풍년의 기원이었고 추사는 풍년을 경축하기 위함이었다. 한 가지 흥미로운 것은 사일 기간 중에는 바느질과 관련된 모든 일이 금지되었는데 이를 '기작忌作'이라 불렀다.

화조절 花朝節

매년 음력 2월 15일 화조절이 되면 당나라 사람들은 화고花糕나 봄나물 죽을 먹었고 이름난 정원에서 꽃구경을 하며 나비를 잡았다. 또한 교외에서 냉이나 쑥을 캤는데 이날만큼은 관아 사람들도 논밭으로 나와 농업을 장려했다. 여자아이들은 오채색의 비단 띠나 붉은 줄 또는 붉은 종이를 꽃가지에 묶어 화신花神에게 선물로 바쳤고 그중 가장 아름다운 꽃나무를 뽑아 '상홍賞紅'이라 불렀다.

《박이기博異記》에는 이런 이야기가 나온다. 천보 연간에 꽃을 좋아하기로 유명한 최현미崔玄微라는 사람이 있었다. 2월의 어느 날 밤 아름다운 여인으로 변신한 꽃의 정령들이 최 씨의 화원에 들어와 이렇게 말했다. 바야흐로 봄을 맞이해 꽃을 활짝 피워야 하는데 바람의 신 봉이封姨가 자신들을 방해하니 도와달라는 것이었다. 최 씨는 그녀들이 일러준 대로 비단 천에 달과 태양 문양을 그려 넣은 다음 2월 21일 12일이라는 설도 있다 오경五更에 그것을 화원의 꽃가지에 걸었다. 얼마 지나지 않아 곧바로 거친 바람이 불기 시작했지만 비단 천의 보호를 받은 꽃들은 단 한 송이도 떨어지지 않았다. 이후로 꽃을 애호하는 사람들이 너도나도 이 방법을 따라 하기 시작해 하나의 풍습으로 자리 잡았으며 그 시각이 반드시 오경이어야 한다는 이유로 '화조花朝'라 불리게 되었다.

- 화고(花糕) : 중국 전통 떡의 한 종류이다. 중국어로 '화가오' 혹은 '화까오'라고 발음한다.
- 박이기(博異記) : 소설가 곡신자(谷神子)가 쓴 총 13권의 책으로 당나라의 역사뿐 아니라 그럴듯하게 지어낸 기담이 수록되어 있다.
- 오경(五更) : 하룻밤을 다섯 단계로 나누었을 때 다섯째 부분으로 새벽 3시에서 5시까지를 말한다.
- 화조(花朝) : '화조'의 '조(朝)'에는 이른 아침의 의미도 있다. 꽃을 지키는 방법을 행하는 시간이 '오경', 즉 이른 새벽이기 때문에 '화조'가 되었다.

청명절 清明節

당나라 시인 두목(杜牧)은 봄비 내리는 청명절을 이렇게 묘사를 했다. "청명절에 부슬부슬 비가 내리니, 길 가는 사람들의 억장이 무너지는 듯하구나. 술집이 어디냐 물었더니, 소 모는 아이가 저 멀리 살구꽃 핀 마을을 가리키네."

당나라 때는 한식절(寒食節)과 청명절의 날짜가 서로 가까워서 두 명절을 함께 지내기도 했다. 한식절에는 관아에서 불 피우는 것을 금했기 때문에 사람들은 어쩔 수 없이 차가운 음식을 먹어야 했다. 청명절이 되면 궁에서는 나무를 서로 비벼 불씨를 일으키는 시합을 열었는데 가장 빠르게 불을 피우는 사람에게 황제의 하사품을 수여했다. 또한 일부 고관대작들에게는 황제가 새로운 불씨를 하사하기도 했다. 이날에는 집집마다 버드나무 가지를 문틈에 끼워 넣었고 사람들은 성 밖으로 나가 조상의 묘를 돌보고 제사를 지냈다.

그리고 젊은 남녀들은 교외로 **답청**(踏靑)을 나가 그네뛰기, 축국, 닭싸움, 줄다리기 등의 놀이를 즐겼다. 풀과 나무에 싹이 움트는 이른 봄, 때로는 생각지도 못한 우연한 만남이 이뤄지기도 했다.

- 청명절(淸明節): 춘분(春分)과 곡우(穀雨) 사이에 있는 절기로 4월 초.
- 답청(踏靑) : 봄에 파랗게 난 풀을 밟으며 산책하는 것을 말한다. 중국에서는 청명절에 교외를 거닐며 자연을 즐기던 풍습이 있었다. 당·송 시대에서 그 기원을 찾아볼 수 있으며, 장안 사람들은 봄이 오면 들에 나가 자리를 마련하고, 악기를 가지고 놀았다고 한다.

단오절 端午節

음력 5월 5일은 단오절이다. 이날 난초蘭草물로 몸을 씻는 풍습 때문에 당나라 사람들은 단오절을 욕난절浴蘭節이라 부르기도 했다.

무더위가 한창인 단오절, 궁에서는 신하들에게 잔치를 베풀고 여름을 나기 위한 새 부채를 하사했다. 전해지는 바에 따르면 당 태종은 충신들에게 자신이 직접 글귀를 써넣은 부채와 새로운 옥대 그리고 오색실로 동여맨 **백색종**百索種을 하사했다고 한다.

또한 궁에서는 활을 쏘아 **분단**分團을 명중시키는 놀이를 했는데 이것이 점차 민간인들 사이에 전해져 단오절에 가장 유행하는 민속놀이가 되었다. 일반 백성들은 단오절에 종자種子를 먹고 창포주菖蒲酒를 마셨으며 쑥을 캐서 대문에 걸었고 여성들은 오색실로 장명루를 만들어 아이들의 손목이나 모기장 혹은 요람에 묶어두었다. 그리고 집 안에는 뱀, 전갈, 두꺼비, 도마뱀처럼 독을 품은 다섯 가지 동물 그림을 붙이고 모기장에 석류꽃을 걸었는데 이는 열병을 예방하고 해로운 것들의 침입을 막기 위함이었다.

그중에서도 사람들이 단오절에 가장 손꼽아 기다리는 것은 바로 용선경기였다. 용선경기는 대개 관아에서 직접 주관했고 승자에게 상금까지 걸려 있었다. 따라서 경쟁이 매우 치열했을 뿐만 아니라 두 대의 배가 강에서 시합을 시작하면 가끔씩 싸움도 벌어졌다. 강가를 구름처럼 에워싼 구경꾼들과 그중에 섞인 화려한 차림의 여인들로 용선경기의 현장은 무척이나 북적대고 흥겨웠다.

- 백색종(百索種) : 종자(種子, 중국어 발음은 '쭝즈')의 일종이다. 쭝즈는 중국 사람들이 단오절에 먹는 음식으로 찹쌀을 대나무 잎사귀 등으로 감싸서 삼각형으로 묶은 다음 쪄낸 것으로 우리나라의 약밥 혹은 찰밥과 비슷하다.
- 분단(分團): 분단은 찹쌀가루 반죽 속에 설탕을 넣어 동그랗게 빚은 뒤 참깨를 묻혀 튀긴 일종의 찹쌀 도넛이다. 단오절이면 궁에서는 접시에 담긴 분단을 화살로 쏘아 명중한 사람이 그것을 먹는 놀이를 했다.

칠석 七夕

　매년 칠석날 깊은 밤이 찾아오면 장안성의 여인들은 향로를 놓아두는 탁자 '향안 香案'에 과일을 올려놓고 절을 하며 직녀에게 바느질 솜씨가 좋아지게 해달라고 빌었다. 이를 '걸교 乞巧'라 부른다.

　궁에서의 걸교 풍습은 훨씬 성대했는데 당 현종은 수십 명이 들어갈 수 있는 걸교루 乞巧樓까지 만들어 칠석날이면 이 누각에서 과일과 술을 차려놓고 견우와 직녀에게 제사를 지냈다. 또한 아홉 개의 바늘 구공침 九孔針과 오색실을 들고 나온 후궁들은 달빛 아래에서 한 번에 실을 꿰는 데 성공하면 뛰어난 바느질 솜씨를 얻을 수 있다고 믿었다.

　이밖에 거미줄로 점을 치는 풍습도 있었다. 궁녀들은 거미를 잡아서 작은 상자 안에 넣어 두고 다음날 거미줄이 쳐진 상태에 따라 점괘를 풀이했다. 아주 촘촘한 거미줄은 직녀가 많은 재주를 내려주었다는 의미였고 반대로 성근 거미줄은 별 재주를 받지 못했다는 뜻이었다. 나중에는 일반 백성들도 이 거미줄 점을 따라 하기 시작했다.

중원절 中元節

음력 7월 15일은 매우 특별한 날이다. 도교와 불교에서는 이날이 각각 중원절과 우란분절 盂蘭盆節에 해당하며 민간에서는 귀신절 鬼節이라 하여 전통적으로 조상에게 제사를 지내고 성묘를 하는 날이다.

당나라 사람들은 중원절에 강물에 등을 띄워 보내고 성묘를 했다. 또한 조상에게 수확을 고하는 의미로 햅쌀로 제사를 지냈다.

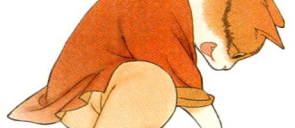

- 우란분절(盂蘭盆節) : 우리나라에서는 '백중날'이라고 부르기도 하며, 승려들이 부처를 공양하는 날이다. 불교가 융성했던 신라, 고려 시대에는 일반인까지 참석하는 우란분절을 열었으나 조선 시대 이후로는 사찰에서만 행해졌다.

춘절나희 春節儺戲

춘절_{설날}은 당나라 사람들이 가장 중요하게 생각하는 명절로, 음력 12월 23일부터 집집마다 새해를 맞이하기 위한 준비가 시작됐다.

춘절은 묵은해를 보내고 새해를 맞이하는 날이자 역병을 몰아내는 의식을 벌이기에 좋은 날이었다. 섣달그믐밤이 되면 특별히 뽑힌 남자아이에게 흉악한 모양의 가면을 씌우고 북치는 소리에 맞춰 춤을 추게 했는데, 이는 숨어있는 역귀를 쫓아내기 위한 의식이었다. 궁에서 열린 대나의식 大儺儀式은 훨씬 더 웅장했고 의식에 참가하는 인원이 오백 명에 달했다.

송신 送神

장안에서는 섣달 그믐날 밤에 행하는 송신이란 풍습이 있었다. 작은 등을 밝힌 부뚜막에 부엌신 부적을 붙이고 아궁이 앞에는 술지게미를 두었는데 이 의식을 '취사명醉司命'이라 불렀다. 그리고 밤새 침상 아래 등을 켜두는 '조허모照虛耗'라는 풍습도 있었다.

또한 과일과 술을 준비해 승려와 도사를 불러 독경을 했는데, 이는 한 해 동안 인간 세상에서 고생한 신령을 천궁으로 돌려보내 옥황상제에게 사람들의 선행과 악행을 고하고 그것을 토대로 다음 해의 길흉화복을 정하기 위함이었다.

수세 守歲

　섣달 그믐날 밤에는 궁이나 민가를 가리지 않고 모든 곳에서 수세를 하는 풍습이 있었다. 사람들은 자시子時가 되면 묵은해를 보내고 새해를 맞이했다. 손아랫사람은 집안 어른에게 절을 했고 하인들도 "새해 복 많이 받고 만수무강하십시오"라는 인사말과 함께 주인을 향해 머리를 조아려 시끌벅적한 분위기가 한껏 고조되었다.

　한편 궁에서의 수세는 훨씬 성대하게 진행되었다. 황제는 연회를 열어 신하들에게 술과 음식을 제공했으며 춤과 노래로 태평성세를 찬미했다. 궁정문인들에게는 바로 이때가 시문을 통해 자신의 기량을 뽐낼 좋은 기회였다. 수세 연회에서 뛰어난 문장을 선보이면 황제의 총애를 얻을 수도 있었다.

• 수세(守歲): 음력 섣달 그믐날 밤에 집 안 구석구석 등을 밝히고 가족이 둘러앉아 온 밤을 새우는 풍습. 이날 밤에 자면 눈썹이 센다고 한다.

후기 後記

2014년, 만화 〈고양이 이야기〉의 전편 작업이 막 끝났다. 통일성과 완벽함을 추구하는 작가의 요구와 더불어 많은 분량의 스토리보드 그리고 오랫동안 이어진 복잡한 만화 작업 때문에 나는 점점 일에 흥미를 잃어갔다. 그래서 결심했다. 당분간 만화 작업은 하지 않겠다고! 그런데 때마침 편집자가 당나라에 간 고양이 시리즈를 제안해왔다. 일단 고양이 그림을 먼저 그리고 나중에 다시 인물을 그리는 단계로 넘어갈 수도 있다고 말이다.

나는 편집자의 계획을 듣고 인물로 역사를 표현하는 것은 너무 진지하니 차라리 모든 이야기의 주인공을 고양이로 하면 어떻겠냐고 제의했다. 결국은 이렇게 내가 '고양이를 그리는' 무덤을 스스로 파고 말았다.

반년 남짓한 시간 동안 당나라 고양이 시리즈의 삽화를 50장 넘게 제작했다. 물론 '고양이의 당나라'가 진지하지 않은 이미지로 비칠 수도 있다. 하지만 진정한 당나라 시대의 풍모를 표현하기 위해 많은 역사 문헌과 옛 그림에 대한 자료를 조사했다. 그리고 고양이를 의인화해서 당나라를 표현하기 위해 몇몇 사소한 부분들은 고양이의 습성에 근거하여 내 나름대로 창작했다.

예를 들면 물고기 모양을 한 화살통 호록胡祿이나 궁을 드나들 때 신분증 역할을 하는 물고기 모양의 장식품 어대魚袋 같은 것들이다. 정말로 신기했던 건 내가 그저 우연히 고양이의 몸에 차는 장식품을 그려 넣었는데, 그게 바로 당나라 때 진짜로 존재했던 '어대'였다! 관심 있으신 분들은 직접 확인해보시길. 이번 그림 작업을 통해 나 역시 많은 역사 지식을 배울 수 있었다.

그림을 구상하면서 〈궁녀도宮女圖〉, 〈괵국부인유춘도虢國夫人游春圖〉, 〈도련도搗練圖〉, 〈취소사녀도吹簫仕女圖〉 등 당나라와 관련된 벽화와 비단에 그린 견화絹畫를 많이 참조했다. 하지만 이런 작품들은 대부분 당나라 상류 계층을 묘사했기 때문에 가난한 백성들의 생활에 관한 자료는 그 이후의 역사 다큐멘터리를 참조할 수밖에 없었다. 만약 그림에 오류나 누락된 부분이 있다면 역사를 고증하시는 분들께 진심으로 양해를 부탁드린다.

이번에 나온 〈당나라에 간 고양이畫猫·夢唐〉는 끝이 아니다. 고대의 고양이를 소재로 한 작품은 앞으로 계속 만들 예정이다. 어쩌면 '한나라의 고양이' 혹은 '송나라의 고양이'가 될지도? 하하, 뜸 좀 들이겠다.

중국의 전통문화는 광대하고 심오하다. 여러분이 조금이라도 더 재미있게 이 책을 읽을 수 있도록 나름 나만의 방식으로 최선을 다했다. 독자들이 그림을 보는 재미와 더불어 중국 고전문화에 대한 관심이 더욱 깊어지길 바란다.

끝으로 작업에 함께 참여했던 편집자 '디장님地藏'과 '여왕님女王夫人', 늘 나를 챙겨주는 우리 언니, 그리고 언제나 사심 없이 자료를 공유해준 '옌왕燕王WF님'께 깊은 감사의 마음을 전한다! 물론 가장 감사한 사람은 바로 이 책을 읽어주신 여러분이다.

2015년 9월 청두에서
과지라 瓜几拉